정치 과잉의 시대를 사는
계몽된 그리스도인

김 형 원

정치 과잉의 시대를 사는
계몽된 그리스도인

지은이   김형원
초판발행   2025년 11월 10일

펴낸이   배용하
책임편집   배용하

등록   제 2019-000002호
펴낸 곳   느헤미야
등록한 곳   충청남도 논산시 가야곡면 매죽헌로1176번길 8-54
편집부   전화 (041) 742-1424
영업부   전화 (041) 742-1424 · 전송 0303 0959-1424
ISBN   979-11-991835-6-8   03230

분류   기독교 | 신앙 | 정치

값 10,000원

기독교는
어떻게
정치에
참여하고 있는가?

차례

서문

　우리는 흔히, 중국의 유구한 역사에서 요순시대를 이상적인 시대로 추앙한다. 그 시대의 특징으로는 백성들이 나라를 다스리고 있는 왕이 누군지 몰랐다는 이야기를 전한다. 이처럼 나라가 잘 운영되고 있어서 백성들은 통치자가 누구인지 관심을 기울일 필요조차 없이 평화를 누리는 것이 가장 이상적인 정치라는 것이다.

　이와 비교할 때 지금 우리는 대통령과 정치인에 대해, 그리고 그들의 일거수일투족에 대해 원하든 원하지 않든 머리가 아플 정도로 너무 많은 정보를 듣거나 보게 되고, 그로 인해 정치가 국민의 삶을 평안하게 해주는 것이 아니라 오히려 근심과 걱정을 안겨주고 있는 실정이다. 특히 2024년 12월 3일부터 대한민국은 하루도 쉴 틈 없이 정치 문제로 온 나라가 들끓고 있고, 수많은 정치적 이슈들이 국민의 일상까지 파고들어 심각한 스트레스를 야기하고 있다. 이 현상 자체가 이미 국가가 정상이 아니라는 뜻이다. 대통령과 정치인이 누구인지 잘 몰라도 국가가 잘 굴러간다면 얼마나 좋겠는가? 초등학생들까지 정치 행사에 동원되는 현실은 이 나라가 지금 정치 과잉으로 몸살을 앓고 있다는 뜻일 것이다.

한국 사회에서 살아가고 있는 한국 교회에 속한 성도들 역시 한국 정치 현실에서 비켜나 있지 않다. 모든 성도들이 정치에 영향을 받고 있고, 그래서 성도든, 목사든, 모든 사람들이 관심을 갖지 않을 수 없고, 다양한 방식으로 정치 활동에 참여하기도 한다.

그런데 요즘은 한국 교회가 단순히 정치에 관심을 가지고 참여하는 정도를 넘어 지나치게 정치화되었다는 느낌이다. 성도들이야 국가의 시민으로서 얼마든지 다양하게 정치에 참여할 수 있을 것이다. 그런데 교인들의 영성을 책임지고, 목양 사역을 담당하라고 세워진 목사들이 정치 한복판에 들어가서 목소리를 높이고, 목사가 종교 집회를 빙자한 정치 집회를 주도하여 교인들이 끌려다니는 모습을 쉽게 발견하게 된다. 마치 '기독' 예수님 교회가 아니라 '정치' 교회인 것 같은 모습이다. 교회가 정치 운동장으로 변한 것이다.

이런 모습을 볼 때마다 의문이 생긴다. 이렇게 적극적으로 정치에 참여하는 교인들과 목사들은 정치에 대해 잘 알고 있을까? 교육 현장에 수다한 이슈들이 얽혀 있기에 이런 다양한 문제들을 이해하지 못하면 제대로 된 진단이나 처방을 내놓기 어려운 것처럼, 국가 경제가 경제 문외한이 섣불리 왈가왈부하기 어려운 면이 많은 것처럼, 정치도 국가의 수많은 이슈들이 얽혀 있기 때문에 정치가 무엇이고, 정치적 논리가 어떤 것이고, 이해관계의 조정은 어떻게 하는 것이고, 정치를 둘러싼 법률이 무엇이며, 특히 기독교와 정치의 관계는 어떤 것인지 제대로 알지 못하면 열정은 있되 무식하게 헛발질을 해대는 모습만 연출할 뿐이다.

기독교인이라면 삶의 모든 영역에서 하나님의 뜻을 분별하고 그 뜻에 따라 움직이는 사람들인데, 우리는 정치 이슈에 대해 하나님의 뜻을 분별하기 위해 충분히 노력했고, 그 뜻에 따라 움직이고 있는 것일까?

우리는 대한민국의 시민으로서 이 땅의 정치 현실을 피해서 살아갈 수 없다. 또한 대한민국의 시민이라는 것을 넘어서 기독교인으로서 바르게 판단하고 행동해야 할 의무도 있다. 그렇다면 우리도 계몽되어야 하지 않겠는가? 기독교인으로서 말이다. 정치에 대해 하나님의 선하시고 기뻐하시고 온전하신 뜻이 무엇인지 공부하고 성찰하여, 그것에 기초해서 움직여야 하지 않겠는가? 그래서 우리는 먼저 정치가 무엇인지 이해해야 한다. 그런 후에야 어떻게 정치에 참여하는 것이 좋을지 제대로 판단할 수 있을 것이다.

이 작은 책은 2024년 12월 이후 정치 과잉으로 몸살을 앓고 있는 대한민국, 나아가 몸살 정도가 아니라 강력한 독감에 걸려 생사의 기로를 헤매고 있는 것처럼 보이는, 정치에 사로잡힌 한국 교회의 모습을 진단하고 반성하기 위한 것이다. 정치와 교회에 관한 포괄적인 내용을 다룰 의도는 없다. 다만 현재 한국 사회와 교회에서 논란이 되고 오해가 불거지는 몇 가지 이슈들만 집중적으로 다루어 보고자 한다. 여기서 언급되는 몇 가지 주제는 2012년에 출간된 『정치하는 그리스도인』SFC출판부에 포함되었던 것을 확장하고 보충한 것들이기도 하다. 이 책에서 다루는 주제들에 대해 더 깊은 성찰과 토론이 이루어지면서 한국 교회 성도들과 목사들이 정치에 코를 박고 있는 형국에서 한 발짝 물러서서 좀 더 멀리, 좀 더 넓게, 좀 더 깊이 바라보는 눈이 생기기를 바란다.

들어가며 • 긴장과 균형

기독교인은 정치를 어떻게 바라봐야 할까? 교회는 정치와 어떤 관계를 맺어야 할까? 이 주제에 대해 전통적으로 두 가지 생각이 대립하여 왔다.

1. 외면

1. 정치 회피

(1) 방주 교회

전통적으로 보수적인 그리스도인들은 그리스도인이나 교회가 세상 속에서 해야 할 일을 좁게 생각하는 경향이 있다. 그들은 교회는 이 세상 속에서 구원받은 사람들이 모여 있는 방주와 같은 것이며, 종말과 함께 멸망할 이 세상에서 우리를 건져내 줄 구원의 복음을 전하는 것이 교회와 그리스도인의 주된 사역이라고 생각한다.

그들 마음 깊은 곳에는 어차피 망하게 될 이 세상을 개선하려는 시도는 허무한 노력이라는 생각이 자리 잡고 있다. 사회적 문제에 관여하고 이를 바로 잡는다거나 정치적 논쟁에 참여하여 좀 더 나은 세상을 만들려는 시도는 모두 부질없는 짓일 뿐이다. 그런 일들은 그리스도인의 주된 임무가 아니므로, 비록 그것 자체가 나쁜 일은 아닐지라도 우리가 집중해야 할 영적인 일을 방해한다고 생각한다. 그 대표적인 모습을 우리는 박근혜 전 대통령의 국정농단 사태로 인해 전국적으로 촛불집회가 가열차게 열리고 있을 당시, 분당의 어느 대형교회 목사의 입을 통해 목격했다. 그는 이렇게 나라가 혼란한 때에 성도들이 해야 할 일은 누가 옳은지 그른지 판단을 유보하고 오직 골방에서 하나님께 기도하면서 '영적인 일'에 관심을 쏟아야 한다고 가르쳤다.

(2) 주장의 성경적 근거

이들의 생각은 나름대로 충분한 성경적 근거를 가지고 있다고 여겨져 왔다.

예수님은 "내 나라는 이 세상에 속한 것이 아니오"요 18:16라고 말씀하셨다. 바울도 "우리의 시민권은 하늘에 있습니다. 그곳으로부터 우리는 구주로 오실 주 예수 그리스도를 기다리고 있습니다."빌 3:20 라고 분명하게 말했다.

그러므로 그리스도인은 로마서 13장 말씀대로 정부에 복종해야 하지만, 정부의 일에 관여하거나 반대하는 정치적 행위에 참여해서는 안 된다고 생각한다. 그리스도인은 세상 일, 특히 정치적인 일에 관여하지 말고 오직 영적인 일에만 관심을 쏟아야 한다고 생각하는 것이다.

2. 어떤 사람들인가?

(1) 전통적 재세례파

이들은 종교개혁 당시 권력과 주류 교회에 의해 박해를 받은 경험이 있기 때문에 세상과 거리를 두는 신학을 정립하게 되었다. 근래에 개혁적 재세례파가 나오면서 정치에 관심을 가지고 참여하기도 하지만, 여전히 전통적인 재세례파는 정치와 거리를 두고 있다. 그 극단적인 형태가 반문화주의를 표방하는 '아미시' 종파다.

(2) 전통적 세대주의자

이들은 세상은 점점 악해지다가 예수님이 재림하셔서 최후의 심판을 하실 것이고, 이어 하나님이 현재 세상을 없애시고 새 하늘과 새 땅을 만들어서 모든 악과 불의를 제거하실 것이라고 믿는다.세대주의적 전천년설

어차피 세상이 점점 악해져서 결국 망할 것이라면, 그런 세상이 지금 조금 망가졌다고 고치고 바로 잡으려는 노력을 하는 것은 그다지 큰 의미가 없다고 생각한다. 그것은 마치 곧 침몰할 배의 선실을 청소하는 것과 같은 무의미한 짓이라는 것이다. 그 대신 우리는 오직 영원히 가치 있는 일을 하는 것이 옳다고 생각한다. 그것이 무엇인가? 복음 전도를 통해 영혼을 구원하는 것

이다. 구조선 신학

20세기 후반에 진보적 세대주의가 나와 현실 정치에 참여하는 것이 필요하다고 주장하기도 하지만, 여전히 주류 세대주의의 생각은 세상과 거리두기에 가깝다.

3. 오류 교정

하지만 이들의 생각은 성경의 가르침과 그렇게 잘 부합하지 않는다.

(1) 첫째, 하나님은 온 세상의 하나님이다.

하나님은 세상을 창조하셨고 지금도 역사 속에서 섭리하고 계신다. 그래서 하나님의 관심은 그리스도인과 교회뿐만 아니라 세상의 모든 것을 포함한다. 세상의 그 어떤 영역도 하나님의 관심에서 벗어난 것이 없고, 그리스도의 주권이 미치지 않는 것이 없다.

여기에는 당연히 정치도 포함된다. 어떻게 보면 정치가 사람들의 삶에 가장 많은 영향을 끼친다고도 볼 수 있기에, 이렇게 중요한 영역을 하나님께서 무시하실 이유가 없다. 비록 하나님이 구원 역사를 이루고 계시지만, 하나님의 구원은 온 세상을 회복하는 것까지 확장된다. 거기에는 마땅히 정치도 포함된다.

그래서 하나님은 통치자들에게 정의와 평화를 위한 통치를 하도록 명령하면서 이 세상 정치가 바르게 되기를 소망하셨다.

"하나님, 왕에게 주님의 판단력을 주시고 왕의 아들에게 주님의 의를 내려 주셔서, 왕이 주님의 백성을 정의로 판결할 수 있게 하시고, 주님의 불쌍한 백성을 공의로 판결할 수 있게 해주십시오. 왕이 의를 이루면 산들이 백성에게 평화를 안겨 주며, 언덕들이 백성에게 정의를 가져다 줄 것입니다. 왕이 불쌍한 백성을 공정하게 판결하도록 해주시며, 가난한 백성을 구하게 해주시며 억압하는 자들을 꺾게 해주십시오" 시 72:1-4

"권세를 행사하는 사람은 여러분 각 사람에게 유익을 주려고 일하는 하나님의 일꾼입니다." 롬 13:4

그러므로 우리는 정치에 무관심해서는 안 된다. 우리는 정치에 관심을 가져야 하고, 좋은 정치가 이루어지도록 애써야 한다. 좋은 대통령을 선출하고, 그가 좋은 통치를 하도록 감시하고 압력을 가해야 할 책임이 있다.

(2) 둘째, 좋은 세상이 되어야 사람들의 삶이 덜 힘들어진다.

바울은 우리에게 이렇게 기도하라고 가르친다. "그러므로 내가 첫째로 권하노니 모든 사람을 위하여 간구와 기도와 도고와 감사를 하되, 임금들과 높은 지위에 있는 모든 사람을 위하여 하라 이는 우리가 모든 경건과 단정함으로 고요하고 평안한 생활을 하려 함이라"딤전 2:1-2

모든 사람들이 평안하게 사는 것이 하나님의 뜻이다. 나쁜 정치인으로 인해 모두가 고생하는 것은 세상을 향한 하나님의 의도가 아니다. 우리 자신을 위해서도 그렇고, 다른 사람들을 위해서도 마찬가지다.

이것을 보여주는 대조적인 두 나라가 있다. 1983-85년 대기근으로 에디오피아에서 백만명이 사망했지만, 비슷한 상황에 처했던 보츠와나에서는 한 사람도 죽지 않았다. 심지어 에디오피아에서는 기근 전 해에 사상 최대의 풍년을 이루었다. 그런데도 다음 해 기근에 이렇게 많은 사람들이 죽은 것이다. 왜 이런 차이가 발생했을까? 민주주의와 기근을 연구해서 노벨상을 받은 경제학자 '아마르티아 센'에 따르면 이것은 민주주의냐 독재냐의 차이에서 비롯된 것이라고 한다. 그는 민주주의가 잘 정착된 나라는 기근을 겪지 않는다고 한다. 그래서 기근은 자연재해가 아니라 인재라고 말한다.

그러므로 우리가 이 땅에서 살아가는 동안 좀 더 평안한 삶을 살기 위해서는 정치에 관심을 가지고, 좋은 정치인이 선출되고, 좋은 통치가 이루어지도록 감시하고 압력을 가해야 한다.

(3) 셋째, 우리는 정치적 사명을 받아 세상으로 보내심 받았다.

예수님은 우리를 세상으로 파송하셨다. "아버지께서 나를 보내신 것 같이 내가 너희를 세상에 보내노라"요 20:21 여기서 세상은 말 그대로 세상이다. 교회 안이 아니다. 하나님이 창조하시고 지금도 관심을 가지고 계시고 하나님이 창조하신 모습을 회복하시려는 바로 그곳, 세상으로 우리를 보내신 것이다. 그러므로 이 세상에서 이루어지는 핵심적인 일이 '정치'라면 우리는 정치에로 보냄 받은 것과 마찬가지다. 하나님이 정치에 관심을 가지고 있기 때문에 우리도 당연히 관심을 가져야 한다. 그리고 하나님의 의도대로 바른 정치가 이루어지도록 노력해야 할 사명이 있다.

하나님의 관심이 온 세상의 모든 영역에 미친다는 것을 이해하고 그 하나님의 관심에 동참하는 것이 하나님의 백성들이 취해야 할 바른 자세다. 우리는 정치에 관심을 가져야 한다. 이 땅에 정의를 세우는 사명을 받은 그리스도인은 정치를 바르게 세우도록 더욱 노력해야 할 의무가 있다.

그러므로 우리는 이 땅에서 살아가는 동안 하나님의 뜻을 따라 좋은 세상이 되도록 힘써야 한다. 정치에 관심을 가지고, 좋은 정치인을 세우고, 그들이 바르게 정치할 수 있도록 감시하고 압력을 가하는 것도 이를 위한 한 가지 방식이다.

2. 과도한 관여

이렇게 그리스도인은 바른 정치가 되도록 관심을 갖고 노력을 기울여야 할 필요가 있다. 그러나 종종 관심과 참여가 지나쳐서 문제가 될 때도 있다.

1. 진보적 유토피아주의

(1) 진보주의자들은 오래전부터 정치에 깊숙이 관여해왔다.

그들은 정치가 정의를 세우고, 약자를 보호하고, 평화를 증진해야 한다고 생각한다. 그런데 독재자가 나타나서 이런 가치들을 무시하면서 소수 권력자들의 이익만 추구하는 것을 목격하게되면, 세례요한의 심정으로 이들에 저항한다. 대표적인 경우가 우리나라의 민중신학, 남미의 해방신학, 독일의 본 회퍼와 고백교회에 속한 사람들이다. 이런 노력은 앞에서 이야기한 것처럼 정의를 세우는 정치의 목적을 바르게 이해한 것이고, 따라서 하나님의 뜻을 제대로 분별하고 행동한 것이라고 말할 수 있다.

(2) 그런데 참여 과정에서 종종 과도한 모습이 나타나기도 했다.

정의로운 세상, 약자가 보호받는 세상, 인권이 지켜지는 세상을 만들기 위해 노력하는 것은 좋은데, 그것에서 한 걸음 더 나아가서, 그런 세상이 오면 마치 하나님 나라가 성취되는 것처럼 생각한다.

이런 생각이 가장 잘 드러난 것이, 이스라엘 백성의 출애굽 사건을 구원의 모형으로 보는 것이다. 구원을 현세적인 고난에서 해방되는 것으로 생각하는 것이다. 노예 해방, 약자에 대한 압제와 결박을 푸는 것, 가난한 자들을 회복시켜주는 것을 구원의 전형으로 본다.

그렇게 생각하면서 그들의 관심은 점차 현실 국가의 회복으로 전환되었고, 그 과정에서 영적인 관심은 사라지게 되었다. 이 땅에 정의와 평화의 나라를 세우는 것이 최고의 목적인 것처럼 여기게 되었다. 차별이 사라지고, 배고픔이 해결되고, 불공정함이 제거되면 마치 낙원이 올 것처럼 생각한 것이다. 그것을 하나님 나라와 동일시한다.

(3) 문제점

그러나 육체적 구원은 구원의 일부에 불과하다. 우리가 직면한 가장 큰 곤경, 우리가 구원받아야 할 가장 큰 문제가 무엇인가? 하나님께 범한 죄다. 우리는 하나님을 거역한 죄로부터 구원받아야 한다. 그래서 다시 하나님을 주님으로 인정하는 새로운 피조물로 거듭나야 한다.

예수님은 배고픈 사람들에게 먹을 것을 주시고 병자들을 치유하셨지만현실적 문제 해결, 세상 나라와 자신의 나라를 분명하게 구분하셨다. 오병이어로 5천 명을 먹이는 기적을 행하신 후에 자신을 왕으로 삼으려는 사람들을 향해 예수님은 '너희가 나를 왜 따라오는가? 먹고 배부른 까닭이 아닌가?' 라고 질책하셨다.요 6:26 육체적인 필요를 채워주었지만, 그것이 필요한 일이기는 하지만, 그것이 전부도 아니고 핵심도 아니라는 것을 강조하신 것이다.

빌라도의 심문에 예수님은 이렇게 대답하셨다. "내 나라는 이 세상에 속한 것이 아니오. 나의 나라가 세상에 속한 것이라면, 나의 부하들이 싸워서, 나를 유대 사람들의 손에 넘어가지 않게 하였을 것이오. 그러나 사실로 내 나라는 이 세상에 속한 것이 아니오"요 18:36 바른 정치를 통해서 좋은 세상을 만드는 것은 중요한 일이지만, 그것이 곧 참된 구원을 성취하는 것도 아니고, 하나님 나라를 실현하는 것도 아니다.

2. 보수적 기독교 국가주의

근래에 보수적 성도들 사이에서 진보적 기독교인이 가졌던 것과 유사한 유토피아니즘이 나타나고 있다.

(1) 미국 보수 교회

미국의 많은 보수적 기독교인들은 미국을 구약시대 이스라엘처럼 하나님이 세우신 나라라고 생각한다. 신정국가처럼 생각하는 것이다. 이렇게 하나님이 세우신 미국이 진보주의자들과 민주당 때문에 점점 세속화되어 망가지고 있는데, 이것은 하나님과 기독교를 말살시키고, 하나님 나라를 파괴하려는 시도와 같다고 본다.

이 흐름을 막기 위해 기독교인들이 정치에 적극적으로 참여해야 한다고 생각하는데, 그것은 기독교의 가치를 지키는 공화당, 그중에서도 더욱 열성적으로 일을 하려는 트럼프와 같은 사람을 지지하는 것으로 나타나야 한다고 여긴다. 그래서 하나님을 제대로 섬기는 사람이라면 당연히 공화당을 지지해야 한다고 생각한다. 공화당과 공화당 출신 대통령이 미국을 다시 기독교 국가로, 하나님의 나라다운 모습으로 되돌려 놓을 것으로 확신하는 것이다. 그래서 공화당을 지지하지 않고, 공화당 대통령트럼프을 지지하지 않는 자는 하나님을 거역하는 자요, 기독교를 파괴하는 자라고 몰아붙이기까지 한다.

(2) 지금 우리나라 극우적 교회와 목사들도 이와 비슷한 생각을 가지고, 이런 행태를 그대로 따르고 있다.

이들은 반공주의 위에 굳게 서서, 북한과 중국 공산주의자들이 우리나라를 집어삼키려 하고, 진보 세력이 이에 동조하고 있다고 확신한다. 또한 하나님이 세우시고 복을 주신 국가인 미국을 따르지 않거나 반기를 드는 것은 하나님의 뜻을 어기는 것이며, 배은망덕한 짓이라고 생각한다. 더 나아가서, 한국의 진보 세력이 동성애를 조장하는 차별금지법과 같은 반성경적인 세속적 정책을 추진하면서 이 나라를 세속적인 국가로 만들려는 시도를 하고 있다고 본다.

그러므로 동방의 예루살렘과 같은 대한민국을 하나님이 기뻐하시는 나라로 세우기 위해서는, 아무리 흠결이 있다 하더라도 이 목적을 달성하기 위해 하나님이 세우신 보수적인 정당과 지도자를 지지해야 한다고 생각한다. 하나님은 흠이 많았던 다윗도 사용하셨고, 심지어 하나님을 섬기지 않았던 고레스왕까지 사용하셨기 때문에 조금 흠결이 있거나, 심지어 다른 종교를 신봉하더라도 문제될 것은 없다고 생각한다.

이렇게 하나님 나라를 이 땅에 세우려는 엄청난 사명감을 품은 미국 보수 기독교인이나 한국의 보수 기독교인들이 정치에 깊이 관여하고 있다. 목사가 기독교 정당을 만들거나, 대통령

후보로 나오기도 한다. 거리로 몰려나와 힘을 과시하면서 자신들의 생각을 관철하려고 한다. 심지어 하나님의 말씀이 선포되어야 할 예배 시간에 자신들이 지지하는 정치인을 강단에 세워 정치 집회를 하기도 한다. 정치에 교회가 먹혀버린 것이다.

(3) 문제점

진보 유토피아주의자들과 마찬가지로, 이들 역시 정치적 노력을 기울여서 국가를 하나님이 기뻐하시는 모습으로 만들어야 한다는 사명감에 불타오르고 있다.

이것의 가장 큰 문제는, 기독교와 교회, 그리고 하나님 나라의 초월성을 상실하고 있다는 것이다. 정치는 한계를 가진 인간의 활동이며, 한국이나 미국이라는 국가도 영원한 것이 아니라 일시적이고 수많은 문제를 가진 유한한 것이다. 이것들과는 달리 기독교와 교회, 그리고 하나님 나라는 초월적이고 영원한 가치에 속하는 것이다. 그런데 교회가 정치와 딱 붙어버리면 세상 모든 것을 초월하는 기독교의 고귀한 정체성이 사라져버린다.

극단적으로 말해서, 심지어 미국이나 대한민국이라는 국가가 사라진다고 해서 기독교와 교회가 망하는 것이 아니다. 세상 나라가 사라져도 국가와 역사를 초월하는 하나님 나라는 영원히 존재할 것이다. 앞에서도 말했듯이, "하나님의 나라는 이 세상에 속한 것이 아니기" 때문이다.요 18:36 그런데 왜 이렇게 초월적이고 영원한 하나님 나라를 유한하고 문제가 많은 현실 국가와 동일시하는 어리석은 짓을 하는가?

3. 바른 태도

(1) 우리는 궁극적으로 하나님 나라의 시민이다.

우리는 이 땅을 지나가는 나그네들이다. 그러므로 우리는 나그네처럼 살아야 한다. 이것이 무슨 뜻인가? 이 땅에서 잘 먹고, 성공하고, 평안하게 사는 것이 최고의 목표인 것처럼 생각하지 말아야 한다는 것이다. 이 땅에서의 삶은 잠시 지나가는 것이다. 우리는 나그네로 이 땅을 지나간다. 우리의 본향 집은 하나님 나라다. 거기에 도달하기 전까지 우리가 편하게 살려고 생각하는 것은 나그네의 태도가 아니다. 그냥 이 땅에 뿌리박고 살겠다는 뜻이다. 그런 사람은 하나님 나라에 대한 소망이 없는 것이다. 그렇다면 이런 사람이 어떻게 하나님 나라의 시민이라고 말할 수 있겠는가? 그러므로 하나님 나라가 내세 없이 현세에서 완전히 이루어질 것으로 착각하지 말아야 한다. 마치 이 땅에서의 삶이 전부인 것처럼 생각하지 말아야 한다.

그렇기에 수많은 믿음의 사람들히브리서 11장에 나오는 믿음의 위인들과 무명의 하나님의 사람들, 신약 시대의 사도들, 스데반, 바나바, 누가은 비록 이 땅에서 힘겹게 살아도, 자신이 원하는 것을 하지 못해도, 박해를 받고 심지어 죽음 앞에 설 때도, 미래에 성취될 하나님 나라를 소망하면서 당당하게 소명의 삶을 살았던 것이다.

그런 점에서 볼 때 이 땅에서의 시민권은 부차적인 것이다. 그래서 이 땅의 권력자들이 국가와 통치자에 대한 절대적 충성을 요구할 때 기독교인들은 이를 거부하고 오직 하나님께만 충성을 맹세했던 것이다.로마 시대의 박해, 일본 막부 시대의 후미에, 일제 강점기의 신사참배

(2) 이런 삶의 태도가 정치에 대해서는 어떻게 나타나야 하는가?

이 나라를 정의와 평화의 나라로 만드는 것이 우리의 궁극적인 목표인 것처럼 생각하지 말아야 한다. 그렇게 되면 좋다는 것은 당연하다. 또한 그것을 위해 노력하는 것도 필요하다. 하지만 그것이 우리의 궁극적 목적도 아니며, 어떤 정치인이 권력을 잡더라도 그 목표를 완전하게 달성할 수는 없다는 한계를 인식해야 한다.

또한 정치가 우리 삶에서 가장 중요한 영역인 것처럼 생각하지 말아야 한다. 정치를 통해서 모든 것을 이룰 수 있다고 기대하지 말아야 한다. 같은 맥락에서, 마치 좋은 통치자가 메시야라도 되는 것처럼 생각하고 기대하지 말아야 한다. 정치는 한계

를 가진 인간의 활동이다. 따라서 제한적인 기능만 한다. 그러므로 내가 원하는 정당이 승리하고 내가 원하는 사람이 대통령이 되어도 마치 하나님 나라가 이루어진 것처럼 지나치게 기뻐할 일은 아니다. 정치인도 한계를 가진 인간이며, 정치는 복잡다단한 것이어서 롤러코스터 같은 속성이 있다는 점을 기억해야 한다. 아무리 우리가 원하는 좋은 대통령이 당선되어도 우리가 기대하는 정치를 한다는 보장이 없다. 본인의 의지가 정말로 그런 것일지도 잘 모르고, 또한 주변 사람들이나 환경이 좋은 정치를 잘 뒷받침해줄지도 모를 일이기 때문이다. 더욱이 권력은 그리 오래 가지 못한다는 특성 또한 무시하지 말아야 한다.

반대로, 나쁜 정치인이 대통령이 된다고 해도 마치 세상이 끝날 것처럼 낙담할 필요도 없다. 부정적인 일들이 발생할 가능성이 크다는 것은 분명하겠지만, 그럼에도 불구하고 그들이 어느 정도는 선한 기능을 할 수도 있고, 어쩌면 그것이 또 다른 선을 가져오는 계기가 될 수도 있기 때문이다. 또한 그들의 권력역시 오래가지 못한다는 것도 분명하다.

3. 균형

우리는 모순되는 것 같은 두 가지 사이에 끼었다. 한편으로
는 좋은 정치를 통해 세상에 정의와 평화를 세우기 위해 노력하
는 사명을 받았고, 또 다른 편으로는 정치가 유토피아를 가져다
주지 못한다는 한계를 인식해야 한다. 이 둘 사이에서 우리는 균
형을 잘 잡아야 한다.

한편으로는, 우리는 현실 세상을 하나님의 뜻대로 정의롭고
평화롭고 아름다운 곳으로 만들기 위해 노력해야 한다. 정치는
그것을 성취하기 위한 중요한 기능을 수행한다. 따라서 우리가
정치에 관심을 가지고 참여하는 것은 필요하다. 그러나 다른 한
편으로, 우리의 정치적 노력으로 이 세상에서 하나님 나라의 유
토피아를 만들 수도 없거니와 그것이 우리가 가진 최고의 목적
도 아니라는 사실을 기억해야 한다. 정치가 무엇보다 중요한 것
처럼 생각하지 말아야 한다. 또한 정치를 통해서 모든 것을 이룰
수 있다고도 기대하지 말아야 한다.

정치는 중요하지만, 정치가 만능은 아니다. 지금 정치 현장
에서 벌어지고 있는 일들이 우리 눈에는 가장 중요한 것처럼 보

이지만, 역사를 장기적 관점에서 바라보아야 한다. 과거에도 그렇고 미래에도 지금 상황보다 더 중요한 일들이 얼마든지 있었고, 있게 될 것이다. 따라서 지금 벌어지는 일들에 대해 너무 일희일비하지 않는 것이 지혜로운 태도다. 우리는 하나님이 역사를 어떻게 이끌어 가실지 모른다. 지금 나쁘게 보이는 일이 좋은 일의 단초가 될지도 모른다. 반대로, 지금 성공적으로 보이는 일이 나쁜 일의 시작이 될지도 모를 일이다. 그래서 지금 현재 내가 해야 할 일을 해야겠지만, 전망은 길게 가져야 한다.

그리스도인으로서 우리가 반드시 기억해야 할 것은, 현세도 중요하지만 내세가 더 중요하다는 점이다. 믿음의 영웅들이 비록 현세에서 박해를 당하고 편한 삶을 누리지 못해도 소망을 잃지 않았던 이유는 내세에 대한 소망이 있었기 때문이다. 야고보, 스데반, 요한, 베드로, 심지어 예수님이 순교의 길을 기꺼이 걸어간 것은 미래에 펼쳐질 하나님 나라에 대한 소망과 기대를 굳건히 견지하고 있었기 때문이다. 따라서 우리의 눈을 현세에만 고정하거나 현세적 복리에만 매어 두지 말아야 한다. 계엄과 탄핵과 같은 격렬한 정치적 격변이 펼쳐질 때도 우리는 한쪽 눈으로는 현실 문제를 직시하면서 우리가 해야 할 것을 잘 선택해서 행동해야겠지만, 다른 쪽 눈은 하늘을 향해 들고 미래에 완성될 하나님 나라를 바라보면서 소망을 가져야한다.

1부 • 한국교회의 보수-극우화 현상

1. 극단적 정치 세력 극우와 극좌

보수와 진보는 수백 년 동안, 아니, 어쩌면 인류가 이 땅에 존재한 때부터 서로 대립하고 견제하면서 발전해 온 정치사회 사상이다.

한쪽이 강력한 힘으로 다른 쪽을 압제할 때도 있고 그 힘이 뒤집어질 때도 있었지만, 역사는 이 두 가지 사상이 절대적으로 옳고 그름이 아니라는 것을 보여준다. 그래서 대부분의 정치 사상가들은 진보와 보수는 사회 발전의 양 날개와 같으며, 적절한 균형을 이룰 때 사회가 역동성을 확보하면서 발전의 길로 나아간다는 데 동의한다.

그런데 때때로 역사의 현장에서는 보수에서 한 걸음 더 나아가 '극우'로 치닫거나 진보의 극단을 달리는 '극좌' 세력들이 나타난다. 이들과 대비해서 전통적인 보수를 '합리적 보수'로, 그리고 전통적인 진보를 '온건한 진보'로 구분하기도 한다. 극우와 극좌는 기본적으로 보수와 진보 사상에서 태동했지만, 자신의 주장을 극단적으로 밀어붙이면서 합리성을 상실하고 상대방을 악마화하면서 박멸해야 할 대상으로 간주한다. 때때로 한

시대가 극우와 극좌가 지배할 때도 있었지만, 곧바로 사회는 균형을 잡으면서 이성적인 시대로 흘러갔다. 21세기에도 세계 여러 나라에서 극우와 극좌 사상이 다시 고개를 들면서 세력을 확장하고 있다. 우리나라도 그 흐름의 연장선에 있다고 볼 수 있다. 그런데 많은 경우 극단적 정치 세력은 종교 세력과 결탁하면서 힘을 확장하는 경향이 있다. 종교의 맹목성과 극단성을 이용하는 것이다. 이런 모습이 21세기 미국과 대한민국에서도 그대로 재현되고 있다.

그래서 지금 이 시점에서 우리는 극단적 정치 세력을 바르게 이해하고 잘 판단해야 할 필요가 있다. 이것은 한국 정치를 위해서도 필요하지만, 한국 교회의 갱신과 회복을 위해서도 절대적으로 필요한 작업이다.

1. 극단적 정치 세력의 부상

과거, 전통적인 보수와 진보 각 진영에는 극단적인 세력이 있었다. 러시아 혁명 세력스탈린과 레닌, 중국 공산당과 마오쩌뚱, 킬링필드를 일으킨 캄보디아 공산 세력, 북한의 김일성 등이 극좌 정치 세력의 대표적인 예다. 반면에 극우 세력도 여러 국가에서 세력을 떨쳤다. 독일에서는 히틀러가 민족과 인종을 매개로 극우적 통치를 했고, 스페인에서는 프랑코가 총통이 되어 38

년 동안 독재 통치를 했다. 미국에서도 인종차별주의자들은 짐 크로우법을 비롯한 다양한 인종차별 법을 만들어 유색인종 차별과 백인 중심의 통치를 이어갔고, 공산주의를 억압하기 위해 '매카시즘'이라고 불리는 사상 통제 통치를 했다.

우리나라도 마찬가지다. 1945년 해방은 좌우 대립의 분출로 이어졌고, 그 와중에 극우와 극좌가 첨예하게 대립했다. 한쪽은 러시아 혁명의 영향을 받아 프롤레타리아 혁명을 꿈꾸면서 완전한 평등 세상을 만들려는 세력이었고, 다른 쪽은 반공을 기치로 위계적 정치 체제를 유지하려고 테러를 일삼는 극우 세력이었다. 한국 전쟁 이후 독재자에 의해 극우적 반공 정책이 이어지면서 극좌 세력은 대한민국에서 공개적으로 발을 붙이기 어렵게 되었다.

극우와 극좌는 단지 과거의 역사로만 남지 않았다. 21세기의 한복판을 지나는 지금도 극단적인 세력이 여러 나라에서 몸집을 키우고 있다. 독일의 극우적인 '독일을 위한 대안 당' AfD은 나치즘을 공개적으로 추앙하면서 이민자 추방을 부르짖고 있다. 영국에서는 브렉시트당에서 '영국개혁당'으로 이름을 바꾼 극우적 정치 세력이 이민자 감축, 세금 인하, 규제 축소, 탄소중립 폐기 등을 내세우면서 국민의 지지를 높이고 있다. 미국의 트럼프도 극우 세력을 등에 업고 대통령에 복귀했고, 불법체

류자 추방, 기후 협정 탈퇴, 극단적 민족 우선주의로 무역 분쟁 유발, 인권 무시와 같은 극우적 정책을 펼치고 있다. 대한민국에서도 윤석열과 함께 하는 정치 세력들이 일본 지배 정당화, 독재자 옹호, 기후 위기 무시, 언론 장악, 인권 무시와 같은 극우적 정책을 펼치는 가운데 정권의 지지와 비호를 받은 극우 세력들이 공개적으로 활보하면서 세력을 키우고 있다.

2. 극단적 정치 세력의 이해

우리는 먼저 보수와 진보의 극단적 형태인 극단적 정치 세력 극우와 극좌의 본질이 무엇인지 이해해야 한다.

1. 극우는 무엇인가? (우익 극단주의)

극우는 한마디로 말해서, 보수 우파의 사상을 극단적으로 주장하는 것이다. 기본적으로는 과거 사회에 대한 향수에 사로잡혀good old days 다시 과거로 돌아가려는 수구적 경향을 보여준다. 과거의 모습에는, 위계적이고 권위주의적 국가 형태, 전통적 사회질서, 가부장주의, 민족적 순혈주의와 같은 것들이 있다.

극우에는 두 가지 흐름이 있다. 첫째, 정치적으로는 민주주의보다는 독재와 파쇼를 희구한다. 그것이 훨씬 더 효율적이라

고 생각하기 때문이다. 전체주의, 파시즘, 네오나치즘 둘째, 사회문화적
으로는 수구적 행태를 보여준다. 민족주의, 인종주의KKK, 국수주의,
권위주의, 가부장주의, 극단적 자본주의

극우 세력들은 현대 사회에서 발생하는 모든 문제가 두 가지
원인에서 비롯된다고 생각한다. 한편으로 그들은, 현대 사회의
문제는 오랫동안 이어져 온 전통이 깨졌기 때문에 발생한 것이
라고 본다. 자본주의를 좀먹는 공산주의 혹은 사회주의, 가부장적 사회질서를 깨는 여
성 운동, 인권을 내세워 기존 질서를 깨뜨리려는 시도들 두 번째로는, 이 사회에
침투한 외부인들에게서 문제의 원인을 찾는다. 이민자, 외국
인, 다른 인종, 다른 종교서구에서 기독교 이외의 종교, 특히 이슬람 등이 문
제의 원인이라는 것이다. 이런 인식을 바탕으로 혐오와 배제에
바탕을 둔 정책을 추진하거나 요구한다. 이민자 혐오와 추방, 반인권 운
동, 반페미니즘

2. 극좌는 무엇인가?

극좌는 좌파 진보주의 사상을 극단적으로 주장하는 것이다.
가장 핵심이 되는 사상은 '극단적 평등주의' 다. 적당한 평등으
로는 만족하지 못하고 말 그대로 모든 인민이 평등한 세상을 만
드는 것이 목표다. 그래서 불평등을 초래하는 모든 기존 질서를
과격하게 파괴하려고 한다. 민족주의도 배격하면서 국제적 연

대를 추구하고, 혁명과 같은 방식을 통해 자신들의 신념을 성취하려고 한다.

여기에는 세 가지 흐름이 있다. 첫째, 프롤레타리아 독재를 통해서 사회의 평등을 성취하려는 전통적인 공산주의마르크스-레닌주의, 마오주의 둘째, 일체의 권위주의적 정치 질서를 철폐하려는 무정부주의아나키스트 세 번째 흐름은, 사회의 기존 질서를 완전히 부정하고 새로운 질서를 세우려는 것이다. 대표적인 것으로 가족 해체주의오직 개인이 중요할 뿐, 가족은 개인을 억압하는 족쇄와 같다고 본다 와 극단적 페미니즘남여 사이에 어떤 차이도 인정하지 않으려는 것이 있다.

3. 극우와 극좌의 공통적인 특성은?

극우와 극좌는 사상적인 측면에서는 완전히 정반대 위치에 있지만, 사회에서 움직이는 방식은 매우 유사하다. 정반대 방향으로 가다가 한 바퀴 돌아서 다시 만난 것과 같은 모양새다.

(1) 첫째, 합리성의 결여

극단적 세력의 가장 대표적인 특징은 합리성이 결여되어 있다는 것이다.

보수주의자들을 온건하게 지칭할 때 '합리적 보수주의자'라는 말을 사용한다. 무슨 뜻인가? 사상적으로나 이론적으로 나름대로 합리적인 사고를 하기에 토론이 가능하고 타협과 절충이 가능하다는 뜻이다.

그러나 극우는 합리성을 상실하고 음모론을 신봉하면서 비이성적인 억지만 남은 자들이다. 그들은 통계적 근거도 없고 사회과학적 이론의 근거도 없이 그냥 자신의 주장을 고집한다. 결국 음모론에 경도되는 것도 비합리성의 특징이다. 선관위에 중국인 직원이 암약하고 있어서 선거를 조작했다, 이재명이 대통령이 되면 우리나라가 공산화가 된다, 동성 결혼을 허용하면 나라가 망한다는 것과 같은 주장들이다. 대부분 거짓이나 근거가 희박한 것으로 밝혀진 음모론에 기초한 억지 주장들이다. 그래서 이런 주장을 확신하는 사람들과는 합리적인 토론이 불가능하다. 토론을 하기로 해놓고는 처음부터 끝까지 거의 '개소리' bullship만 지껄이는 것이다. 그러니 상대방은 어이가 없어져서 말문이 막힌다. 그러면 자신이 승리했다고 쾌재를 부른다.

극우가 드러내는 비합리성의 대표적인 예는 인종적 우월주의다. 과거에 독일이나 심지어 미국에서도 우생학을 근거로 자기 종족이 가장 우수한 민족이라는 주장을 했지만, 이것은 유전학적 근거가 전혀 없는 자기 확신에 불과한 것으로 밝혀졌다. 백인 우월주의자들은 흑인은 함의 자손이므로 성경의 예언대로 저주를 받았기에 노예로 사는 것이 당연하다고 주장하지만, 노아의 저주 대상은 함이 아니라 그의 아들 '가나안'이고, 그 족속은 이미 오래전에 멸망해서 사라졌다는 사실은 전혀 확인하지 않는다. 극우주의자들은 공산주의를 배격하지만, 자신이 반대하는 것이 공산주의인지 사회주의인지도 제대로 알지 못한다. 공산주의와 사회주의의 차이를 인식하지 못하고, 또한 현대 자본주의 안에도 사회주의적 요소가 많다는 사실은 인정하려고 하지도 않는다. 이미 자본주의 국가인 우리나라에도 공정거래에 관한 다양한 법률, 독과점 규제에 관한 법, 금리의 정부 개입과 같은, 그들이 생각하기에 '반자본주의적' 제도와 장치들이 오랫동안 경제 질서 한복판에 자리잡고 있다는 사실에는 전혀 무지하다. 그저 자신의 마음에 들지 않으면 무조건 빨갱이, 종북이라고 비판한다. 합리적인 근거는 전혀 없다.

극좌의 비합리성도 이에 못지않다. 프롤레타리아 혁명으로 모든 인민이 평등해졌는가? 전혀 아니다. 정권을 탈취한 세력과 공산당 당원들의 배만 불려주었을 뿐이다. 소련, 동부 유럽, 중국, 북한 이것은 인간의 권력욕을 생각하면 너무 당연한 것 아닌가? 인간이나 인간이 만든 사회는 결코 완전한 평등을 만들 수 없다. 그러나 극좌는 인간에 대한 낙관적 견해가 비합리적이라는 것을 인정하지 않는다.

(2) 사회 시스템 부정 또는 무력화 시도

극우와 극좌 세력은 진보와 보수가 인정해 오던 국가 시스템 사법기관, 국회, 언론을 지속적으로 공격하여 무력화시키려고 하며, 폭력적인 방법을 쓰더라도 자신들이 원하는 새로운 시스템주로 독재을 구축하려고 한다. 자신의 생각이 절대적으로 옳다고 확신하면서 반대편은 무조건 틀렸다고 주장하며 악마화하기 때문이다.

(3) 폭력성

극단적 정치 세력들은 자신의 주장을 관철시키기 위해 공론장에서 논리적 논쟁과 설득을 통해 승리를 얻으려는 것이 아니라 반헌법적 조치를 통해 상대방을 제압하고, 심지어는 무력을 사용하는 것도 얼마든지 용인한다.

극좌에서 프롤레타리아 혁명과 공산 독재, 사상 통제를 시도하는 것과 마찬가지로 극우에서는 계엄을 통한 무력 권력 장악, 국회와 법원 침탈, 테러와 같은 일을 서슴지 않는다. 목적이 정당하면 수단은 무엇이든 동원할 수 있다고 생각하는 것이다.

(4) 인간에 대한 존중 상실

극단적 정치 세력들은 목적을 달성하기 위해서는 그 과정에서 사람들이 죽거나 다치는 것을 전혀 개의치 않는다. 목적 달성을 위해서라면 인간은 수단에 불과한 것으로 전락한다. 인간에 대한 존중을 상실한 것이다. 극좌는 혁명을 위해서는 희생을 감수할 수밖에 없다고 생각한다. 극우는 다른 민족, 인종, 종교를 가진 사람들을 같은 인간으로 보지 않는 경향이 있다. 그래서 그들이 다치거나 죽어도 별로 개의치 않으며, 그들이 사회에서 쫓겨나 비인간적인 삶을 살게 되어도 상관하지 않는다.

(5) 선명성 주장

극단적 정치 세력의 마지막 특징은 오직 자신들만이 온전한 보수요 온전한 진보라고 주장한다는 점이다. 그러기에 자신이 원래 속했던 전통적인 보수와 진보 세력을 수정주의나 타협주의로 비판한다. 따라서 종종 원래 자신의 진영에 속해 있던 온건 세력을 더 미워하는 모습이 나타나기도 한다. 타협주의자 때문에 뒷덜미를 잡혀서 앞으로 나아가지 못한다고 생각한다. 그래서 이들을 대화와 타협의 대상이 아니라 타도의 대상으로 본다.

3. 어떻게 해야 할까?

1. 합의된 법과 질서를 깨뜨리는 과격파의 시도를 따르면 안 된다.

(1) 예수님

예수님은 사회를 힘으로 뒤집어엎으려는 혁명 세력에 동조하지 않았다. 오병이어의 기적 후에 사람들은 예수님을 왕으로 삼아 로마로부터 독립을 쟁취하고, 먹을 것 걱정 없는 나라를 세우기를 꿈꿨지만, 예수님은 그것을 분명하게 거부하셨다. "예수께서는, 사람들이 와서 억지로 자기를 모셔다가 왕으로 삼으려고 한다는 것을 아시고, 혼자서 다시 산으로 물러가셨다."요 6:15

로마 군인에게 잡히실 때에도 무력으로 대항하는 것을 거부하셨다. "그때에 예수와 함께 있던 사람들 가운데 한 사람이 손을 뻗쳐 자기 칼을 빼어, 대제사장의 종을 내리쳐서, 그 귀를 잘랐다. 그때에 예수께서 그에게 말씀하셨다. '네 칼을 칼집에 도로 꽂아라. 칼을 쓰는 사람은 모두 칼로 망한다.'"마 26:51-52 폭력은 필연적으로 또 다른 폭력을 낳는다. 그 결과 사회 구성원 모두가 피해자가 된다.

(2) 기독교는 칼의 종교가 아니라 대화와 설득의 종교다.

기독교는 이슬람과 다르다. 무력으로 개종시키는 것을 지지하지 않는다. 하나님이 마음만 먹으면 얼마든지 수많은 사람들을 한순간에 개종시키실 수 있다. 그러나 하나님은 강제력이 아니라 전도라는 설득의 방법이런 방법을 통해 사람들이 하나님 앞에 나오게 되기를 원하셨다.고전 1:21 그런데 사람들은 종종 예수님의 뜻을 이해하지 못하고 무력으로 기독교 세력을 확장하려는 시도를 했다. 남미를 정복하고 무력으로 개종시킨 스페인과 포르투갈 제국주의자들, 종교개혁 시기 신구교 갈등, 북아일랜드의 가톨릭과 개신교의 대립 이것은 전혀 기독교적 방식이 아니다.

(3) 법과 질서의 테두리 안에서 합법적인 통치자를 인정하고, 그들에 의해 국가가 운영되게 하는 것이 하나님의 의도다.

"사람은 누구나 위에 있는 권세에 복종해야 합니다. 모든 권세는 하나님께로부터 온 것이며, 이미 있는 권세들도 하나님께서 세워주신 것입니다. 그러므로 권세를 거역하는 사람은 하나님의 명을 거역하는 것이요, 거역하는 사람은 심판을 받게 될 것입니다. 치안관들은, 좋은 일을 하는 사람에게는 두려울 것이 없고, 나쁜 일을 하는 사람에게만 두려움이 됩니다. 권세를 행사하는 사람을 두려워하지 않으려거든, 좋은 일을 하십

시오. 그러면 그에게서 칭찬을 받을 것입니다. 권세를 행사하는 사람은 여러분 각 사람에게 유익을 주려고 일하는 하나님의 일꾼입니다."롬 13:1-4

바울이 이 권면을 하던 당시는 로마가 이스라엘을 식민지로 삼고 통치하던 때다. 그래서 어떻게 보면 로마의 점령과 통치가 불법이고 부당한 것이라고 주장할 수도 있는 상황이다. 그러나 이런 상황에서도 바울은 일단 그들의 권력과 절차를 존중해야 한다고 말한다. 폭력적 저항으로 사회 질서가 깨지고 무정부 상태로 혼란이 초래되는 것보다는 그렇게 하는 것이 그래도 낫다는 입장이다.

예수님은 가이사에게 세금을 바치는 문제에 대해서도 사회에서 정한 규칙헌법과 법률을 존중해야 한다는 입장을 취한다. "예수께서 그들에게 말씀하셨다. '황제의 것은 황제에게 돌려주고, 하나님의 것은 하나님께 돌려드려라'"막 12:17 비록 가이사가 자신을 스스로 신적인 존재로 높이는 황제라도 그가 현 사회질서를 책임지는 자라면 그에게 세금을 내는 것은 시민의 마땅한 도리라고 말씀하시는 것과 같다.

(4) 그렇다고 권력자에게 무조건 복종해야 하는 것은 아니다.

위에 있는 권세에게 복종하라고 권면한 바울은 이어서 "치안관들은, 좋은 일을 하는 사람에게는 두려울 것이 없고, 나쁜 일을 하는 사람에게만 두려움이 됩니다."라는 말을 덧붙인다.롬 13:3 세속 권력이 하나님이 주신 권한의 범위를 벗어나 권력을 행사하면서 권선징악의 원칙을 어길 때 그에게 순종하는 것은 의무가 아니라는 것이다. 그가 하나님이 권력을 주신 조건을 어겼기 때문이다. 시민은 이런 권력자에게 저항할 수 있다는 것은 분명하다. 그러나 저항할 때라도 두 가지 사항을 잘 고려해야 한다.

첫째, 저항해야 할 권력이라는 것을 어떻게 판단할 것인가? 권력자가 작은 잘못을 해도 사사건건 저항하고 몰아내야 할까? 그렇게 한다면 사회가 제대로 굴러갈 수 없을 것이다. 그러므로 그들의 악함이 어느 정도여야 하는지 잘 판단해야 한다. 이런 측면에서 현재 우리나라는 최고 권력자인 대통령에 대해 판단할 수 있는 법적 규정을 두고 있다. 이것을 따르는 것이 지혜로울 것이다.

헌법 제65조 ① 대통령 · 국무총리 · 국무위원 · 행정각부의 장 · 헌법재판소 재판관 · 법관 · 중앙선거관리위원회

위원·감사원장·감사위원 기타 법률이 정한 공무원이 그 직무집행에 있어서 헌법이나 법률을 위배한 때에는 국회는 탄핵의 소추를 의결할 수 있다.

② 제1항의 탄핵소추는 국회 재적의원 3분의 1 이상의 발의가 있어야 하며, 그 의결은 국회 재적의원 과반수의 찬성이 있어야 한다. 다만, 대통령에 대한 탄핵소추는 국회 재적의원 과반수의 발의와 국회 재적의원 3분의 2 이상의 찬성이 있어야 한다.

제111조 ① 헌법재판소는 다음 사항을 관장한다. 2. 탄핵의 심판

* 헌법재판소법 제53조결정의 내용 ① 탄핵 심판 청구가 이유 있는 경우에는 헌법재판소는 피청구인을 해당 공직에서 파면하는 결정을 선고한다.

이런 규정들에 근거해서 권력자가 더이상 인정할 수 없는 존재인지 여부를 판단해야 한다. 그리고 그렇게 판단했다면, 저항도 법의 테두리 안에서 해야 한다. 우리가 사회적으로 그렇게 하기로 합의했기 때문이다.

둘째, 만약 헌법과 법률 자체를 신뢰하기 어렵다면, 그것의 개정을 요구하는 운동을 하는 것도 가능하다. 이것을 시민 불복

종 운동이라고 한다.

예를 들어, 1972년에 제정된 유신헌법에 의해 통일주체국민회의 대의원들이 체육관에서 간접 선거로 대통령을 뽑았다. 그 결과 99%의 지지율로 박정희와 전두환이 대통령으로 선출되었다. 시민들은 이 법이 불의하다고 판단했고, 거리로 나와 시위하면서 개헌 운동을 벌였다. 이것이 87년 직선제 개헌 운동이다. 그 결과 개헌이 이루어져서 직접 선거로 대통령을 선출할 수 있게 되었다.

이처럼 악법 개정 운동을 할 때도 폭력적 방법을 사용해서는 안 되고, 여론을 움직이고, 시위를 통해서 개정 운동을 펼쳐야 한다. 만약 운동 과정에서 권력자가 실정법에 의해 처벌하려고 할 때는 법을 존중한다는 의미로 기꺼이 처벌을 받아야 한다. 운동의 목적이 불합리한 법률을 합리적인 것으로 바꾸려는 것이기 때문에 그 기초에는 정당한 법을 따라 사회질서를 유지하려는 정신이 있기 때문이다.

2. 인간에 대한 존중을 잃지 말아야 한다.

(1) 기독교적 인간관의 핵심은 모든 인간이 하나님의 형상으로 창조된 고귀한 존재라는 것이다.

"하나님이 당신의 형상대로 사람을 창조하셨으니, 곧 하나님

의 형상대로 사람을 창조하셨다. 하나님이 그들을 남자와 여자로 창조하셨다."창 1:27

"사람은 하나님의 형상대로 지음을 받았으니, 누구든지 사람을 죽인 자는 죽임을 당할 것이다."창 9:6

인간이 하나님의 형상으로 창조되었다는 것이 왜 중요한가? 하나님이 자신을 닮은 모습, 하나님의 어떤 특성을 인간에게 부여했다는 뜻이다. 이것이 바로 '천부인권天賦人權'이다. 하늘에서, 즉 하나님이 부여한 고귀한 속성이 인간에게 있다는 것이다.

암행어사가 왕의 권위를 상징하는 마패를 지니고 있기에 존엄하고 존중받아야 하는 존재인 것처럼, 사람도 하나님의 마패를 지닌 고귀한 존재로 생각할 수 있다. 그래서 다른 동물은 죽여서 음식으로 먹어도 문제가 없지만, 다른 인간은 절대로 죽여서는 안 된다는 것이다. 인간의 존엄성을 강조하는 것이다.

(2) 여기서 기억해야 할 것은, 일부의 사람들만 하나님의 형상으로 창조된 것이 아니라 모든 사람이 하나님의 형상으로 창조되었

다는 점이다.

그래서 하나님도 사람을 차별하지 않는다. "하나님께서는 사람을 차별함이 없이 대하시기 때문입니다."롬 2:11 따라서 말 그대로, '모든 사람'이 존엄하다. 그래서 우리도 모든 사람을 존엄하게 대해야 한다.

'모든 사람' 속에는 남자나 여자, 우리나라 사람이나 외국 인, 백인이나 흑인, 능력이 있는 사람이나 없는 사람, 장애인이 나 비장애인이 모두 포함된다. 심지어 죄를 지었다고 해서 하나 님의 형상이 사라지는 것이 아니다. 그래서 범죄자를 재판하고 형벌을 내리기는 하지만, 최대한 인간의 존엄성을 지켜주어야 하는 것이다.

그러므로 극우와 극좌가 자신의 사상을 실현하기 위해 다른 인간을 아무렇지도 않게 취급하고, 상해를 입히는 것을 거리끼 지 않는 행태는 하나님께 정면으로 도전하는 것과 같다. 아무 리 대립이 격화된다고 해도, 나와 정치적으로 사상이 다른 상대 편도 인간으로 존중하고, 사회의 공동 구성원으로 인정해야 한 다. 그렇지 않으면 극한 대립으로 가서 둘 중 하나가 죽어야 끝 나는 싸움을 하게 되고, 그 결과 사회는 극심한 혼란에 빠지게 된다. 결국 모두가 피해자가 된다. 이런 점에서 "이재명 암살 계 획의 성공을 빈다."고 한 어느 전직 신학대 교수의 말은 귀를 의

심하게 할 정도로 심각한 발언이다.

결론. 보수냐 진보냐 보다 극우와 극좌를 피하는 것이 더 중요하다.

지금 우리나라는 보수와 진보의 대립이 격화되면서 상대방에 대한 존중이 사라지고 있고, 폭력적인 사태가 발생하고 있다. 이것은 매우 우려스러운 상황이다. 이렇게 되면 사회가 혼란에 빠지게 될 것이고, 그 결과 민주주의가 무너지고, 경제가 타격을 받게 되고, 국가가 위기에 빠지게 될 것이다.

극우와 극좌는 사회적으로 큰 문제를 유발한다는 것이 역사적으로 명백하게 증명되었다. 20세기 역사는 극우와 극좌의 인간 살육의 역사였다고 해도 과언이 아니다. 따라서 내 생각이 아무리 옳다고 확신하고 그것을 관철시키려는 욕망이 아무리 크더라도 극우나 극좌로 나가지는 말아야 한다. 설령 온건한 자세를 취하다가 사회에서 내 사상이 밀려난다고 해도 역사를 긴 호흡으로 바라보고 인내하면서 또 다른 기회를 기다려야 한다. 이렇게 극단적인 정치 세력이 사회에서 퇴출되고, 합리적인 보수와 진보가 균형과 견제의 원칙을 존중하면서 함께 움직일 때 사회는 좀 더 나은 길로 나아가게 될 것이다.

2. 한국 교회는 왜 보수-극우가 되었나?

1. 보수의 선봉이 된 한국 교회

2024년 12월 윤석열이 선포한 계엄으로 촉발된 국가적 혼란은 국회의 탄핵 결의와 헌법재판소의 탄핵 선고로 한고비를 넘겼다. 그런데 그 4개월 동안 대한민국은 양쪽으로 갈라져서 극심한 대립과 갈등으로 불타올랐다.

이 와중에 보수 교회의 목사들과 성도들은 탄핵 반대를 외치면서 거리로 나섰고, 심지어 교회 안에서도 탄핵 반대 집회를 열었다. 그들은 민주당의 국정 방해로 '오죽하면' 윤석열이 계엄을 했겠는가 하는 동정론에 동조하면서, 계엄은 국민을 계몽하려는 선한 목적을 가지고 있었다는 '계몽령'을 주장했다. 그들은 극우 세력이 근거 없이 주장해오던 부정선거 음모론이나 중국과 북한의 사주를 받은 세력이 야당과 시민단체를 장악하고 휘두르고 있다는 허위 주장을 강하게 믿고 있다.

이처럼 한국 사회에서 보수 기독교는 보수 세력을 넘어서 극우적인 집단으로 굳게 자리매김하고 있다. 왜 한국의 보수 기독교는 박정희, 전두환 독재자에 이어 또 다른 독재 시도를 했던 윤석열까지 지지하는 수구의 핵심 세력이 되었을까?

이것을 이해하기 위해서는 먼저 한국 교회의 보수화 역사를 살펴봐야 한다. 극우적 행태는 보수를 토대로 한 걸음 더 극단으로 나아간 모습이기 때문이다.

2. 한국 교회가 보수화된 이유

한국 교회가 보수화의 길로 나아가게 된 원인에 대해서는 사람들마다 다양한 견해를 피력하고 있지만, 그중에서 널리 합의되는 몇 가지를 추려보면 다음과 같다.

1. 반공(反共)주의

우리가 잘 아는 대로 한국의 보수 기독교는 철저한 반공주의자들이다. 그렇게 된 데에 기여한 두 가지 원인이 있다.

첫 번째는, 사상적 이유다. 즉, 공산주의가 무신론에 기반을 둔 사상이기 때문이다. 공산주의는 유물론이기 때문에 원칙적으로 신이나 종교를 인정하지 않는다. 종교는 인민의 아편이라는 인식이다. 물론 현실에서는 서구 공산 국가들은 사회제도로서의 종교를 인정했다. 러시아를 비롯한 동구권 국가들은 공산 정부 시절에도 교회를 폐쇄하지 않았다. 다만 국가가 통제했을 뿐이다. 반면에, 이들과는 달리 아시아 공산 국가들은 종교를 훨씬 더 가혹하게 대했다. 공산주의 사상에 더 철저했던 것이다. 한국 기독교인들은 공산주의는 기본적으로 무신론이기 때문에 기독교와 섞일 수 없다는 생각이 강하다.

두 번째는, 경험적 이유다. 한국전쟁은 무신론적 공산주의 사상에 반감을 강화시켰다. 다른 말로 하면, 공산당으로부터 받은 박해 경험이 한국교회를 보수화시킨 한가지 원인이다.

한국 기독교는 선교 초기부터 서북지역평안도이 중심지였다. 그런데 북한이 공산주의 세력에 장악되면서 기독교인들은 친미-친자본주의 반동분자들로 규정되어 핍박받았고, 상당수가 유산계급이었던 그들은 김일성의 토지개혁으로 토지를 강탈당하고 더이상 버티기 어려워 월남하면서 남한 내에서 가장 강한 반공 세력으로 자리 잡게 되었다.

이에 더하여 한국전쟁 와중에 공산주의자들에 의해 처형당하고 고난을 당했던 경험은 기독교인들로 하여금 김일성 일가를 적그리스도와 같은 존재로 여기게 만들었다. 전쟁 후 남북 대치 상황이 지속되면서 반공주의는 한국 기독교의 절대적 신조처럼 자리 잡게 되었다.

그 결과 한국교회는 반공 보수 세력을 지지하는 것이 한국 교회를 지키는 길이라고 생각하면서, 멸공滅共, 숭공勝共, 반공反共

을 내세우는 보수 정치 세력을 지지하는 입장을 갖게 된 것이다.

그래서 어떤 정치 세력이 반공을 내세우기만 하면, 그들이 저지른 다른 잘못은 별로 중요하게 생각하지 않게 되었다. 이것이 한국 보수 교회가 그들의 독재와 수많은 부정부패와 불의를 모른 채 해 온 이유다.

이에 대한 보답으로 반공 보수 정권은 한국 교회에 필요한 지원을 아낌없이 해주었다. 이승만 대통령은 한국 기독교에 일제가 남긴 적산을 불하해 주는 특혜를 몰아주고, 미국 원조를 전적으로 맡겨주고, 다른 종교는 배제하고 오직 기독교 목사만 군목으로 임명하는 등 기독교에 편향적인 지원을 해주었다. 박정희 대통령도 긴급조치와 계엄과 같은 엄중한 상황 속에서도 교회의 대형집회를 허용하고 각종 편의를 제공해 주었다. 보수 정부와 보수 기독교의 결탁은 김영삼, 이명박 장로 대통령 시대에 더욱 공고해졌다.

그래서 한국 보수 교회는 보수 정권이 위기에 몰릴 때마다 그들의 적극적인 지지자요 보호막으로 자처하고 나선다. 그렇게하는 것이 이 나라를 공산 세력으로부터 지키는 길이라고 생각하기 때문이고, 동시에 기독교의 이익을 지키는 것으로 생각하기 때문이다.

이런 동지 의식을 바탕으로 반공주의자 이승만의 사사오입 개헌을 지지하고, 반공주의자 박정희의 유신 헌법을 지지하고, 반공주의자 전두환을 축복하고, 세월호 참사로 궁지에 몰린 박근혜 정부를 보호하려고 진상규명을 요구하는 국민들을 종북 세력으로 몰아붙이는 데 발 벗고 나서고, 반공을 내세우는 국민의힘당 출신의 대통령인 윤석열을 무조건 지지한 것이다.

이와는 반대로, 북한과 대화하거나 타협하거나 협력을 하는, 혹은 그렇게 해야 한다고 말하는 사람들은 김일성 일가를 지지하는 세력으로 몰아붙이고 종북 세력, 빨갱이라고 부르면서 무조건 적대시한다. 이들에게는 김일성과 그의 일가는 대화의 상대가 아니라 타도의 대상일 뿐이기 때문이다. 그래서 민주당이나 진보 정당 계열의 정치인들은 모두 북한에 호의적이고, 더 나아가 북한과 일체를 이루려는 생각을 가지고 있다고 확신하면서 종북 세력으로 간주하여 무조건 반대하고 비판하는 것이다.

결국 한국 보수 교회는 '반공사상'을 절대적인 최고의 가치로 설정하여, 반공을 내세우는 세력들은 무조건 지지하는 '진영 논리'에 사로잡혀 보수 정치 세력의 굳건한 지지 세력이 되었다. 이것이 한국 교회가 보수화한 첫 번째이면서 가장 중요한 요인이다.

2. 미국식 자본주의에 대한 맹신

한국 교회가 보수화한 두 번째 요인은, 미국식 자본주의 경제체제에 대한 맹신이다.

보수 기독교인에게 있어서 미국은 우리에게 복음을 전해주었을 뿐만 아니라 한국전쟁에서 공산 세력으로부터 구해주고, 경제적 번영의 기초를 제공해 준 은인이다. 그래서 미국이 하는 것은 무조건 옳고, 미국이 요구하는 것은 무조건 들어주어야 하고, 미국을 반대하는 것은 배은망덕한 짓이고 또한 망국의 길로 가는 것이라고 생각한다.

이들은 미국이 하나님의 축복을 받아 세계 최고의 국가가 되었다고 생각한다. 따라서 우리도 무조건 그 길로 따라가야 한다고 확신한다. 미국식 자본주의가 하나님의 경제체제라고 굳건히 믿는 것이다.

그렇기에 민주당을 비롯해서 진보 세력이 주장하는 사회주의적 경제는 북한이 채택하는 공산주의와 같은 것이며 미국을 배신하는 것으로 간주한다. 그것을 지지하고 자본주의를 비판하며 제동을 거는 것은 결국 북한을 편드는 것이고, 반미를 선동하는 것이라고 보는 것이다. 그래서 민주당 같은 진보 세력이 정권을 잡으면 우리나라가 사회주의 국가가 되고, 더 나아가서 공산주의 북한과 병합될 수 있다고 단순하게 생각한다.

이런 이유로 보수 세력이 부정을 저지르든, 부패하였든, 반헌법적인 계엄을 선포하든, 무고한 시민들을 잡아들이고 고문을 하든, 못 본 체하는 것이다. 그런 부작용이나 부정의보다 진보 세력의 반자본주의적이고 반미적인 행태가 더 큰 문제를 야기한다고 보기 때문이다.

3. 보수 정권과의 야합

반공주의와 자본주의에 대한 맹신은 동일한 가치를 전면에 내세운 수구적인 친일-독재 세력과 동질의식을 형성하게 하였고, 그들과 상호 협력 관계를 구축하게 하였다. 이것은 세 단계의 과정을 밟아 진행되었다.

첫째 단계에서는, 반공, 친미, 친 자본주의를 매개로 하나로 결합되었다.

이승만은 남한만의 정부를 수립하면서 그것을 반대했던 김구를 비롯한 상해 임시정부 인사들을 배제하기 위해 친미 친일 세력들과 손을 잡고, 그들을 사회 모든 부문의 요직에 끌어들였다. 남북으로 분리된 한반도의 상황을 자기 세력 확장의 도구로 삼기 위해 그들은 강한 반공을 기치로 내세웠다. 이런 경향은 한국전쟁 후 그들이 독재 정치 세력으로 성장하면서 더욱 심화되었다.

일본군 장교였던 박정희 역시 쿠데타로 정권을 잡은 후 자신이 친일 이력이 있었기에 이승만이 등용한 친일 세력들을 여전히 중용하였고, 강한 반공 정책을 내세우면서 북한과 무한 대립 경쟁을 펼쳐나갔다.

이러한 친일 독재 세력에게 심정적으로 가장 우호적일 수밖에 없는 집단이 김일성 공산주의 세력의 탄압으로 월남한 이북 출신 기독교인들이었다. 그들에게는 다른 무엇보다도 반공이 가장 중요한 가치였다. 공산주의자들에 의해 가족들이 죽임을 당했고, 교회가 핍박을 받은 경험이 있었기 때문에 반공은 자신들의 생존이 걸린 문제였고, 교회의 사활이 걸린 문제였기 때문이다. 그래서 강한 반공주의를 내건 세력들은 독재를 하든 상관하지 않고 지지할 준비가 되어 있었다. 이렇게 해서 수구적인 반공-친일-독재 세력과 한국 보수 교회의 강한 유대관계가 시작된 것이다. 한국 보수 교회에 있어서 반공-친일-독재 세력은 자신의 생존을 지켜주는 세력이면서 동시에 적그리스도공산주의 세력와 싸우면서 한국 교회를 지켜주는 수호신과 같은 존재로 인식되는 것이다.

둘째 단계에서는, 반공-친일-독재 세력과의 밀접한 관계가 오래 지속되면서 한국 보수 교회는 그들을 지지하는 것을 한국 교회를 지키는 것과 동일한 것으로 인식하게 되었고, 거의 맹목적으로 보수 정치 세력을 지지하는 입장을 갖게 되었다. 그 결과 그들의 반민주적 독재와 수많은 부정부패, 그리고 정의를 파괴하는 불의를 눈감아주는 행태를 초래하였다. 이것은 지나친 '진영 논리'에 사로잡힌 모습이다.

이런 이유로 한국 보수 교회는 정권의 불의가 극심해져서 국민적 저항을 받아 위기에 몰릴 때마다 보수 정권의 적극적인 지지자요 보호막으로 자처하고 나선 것이다. 사사오입 개헌을 지지하고, 유신 헌법을 지지하고, 전두환과 국보위를 축복하고, 광우병 촛불집회를 비판하고, 4대강 사업을 지지하고, 세월호 참사로 궁지에 몰린 정부를 보호하려고 진상규명을 요구하는 국민들을 종북으로 몰아붙이는 데 발 벗고 나선 것이 그런 모습들이다.

셋째 단계에서는 반공–친일–독재 세력이 수십 년 동안 우리 사회의 모든 분야에서 권력 집단을 형성하면서, 그들을 지지하고 때로는 함께 발을 맞췄던 한국의 보수 교회는 그들이 누리는 기득권을 나누어 갖는 세력으로 부상하게 되었다.

물론 한국 보수 교회 내에는 이미 이들과 더불어 권력 집단을 형성하는 사람들이 다수 존재하고 있었다. 그들은 개화기와 일제강점기를 거치면서 선교사들이 세운 학교를 통해 신학문을 빨리 받아들일 수 있었고, 선교사와 선교사 파송 교회의 지원을 통해 유학의 기회를 얻어서 신분 상승의 기회를 얻을 수 있었던 사람들이었다. 그들은 해방 후 친미주의자였던 이승만이 정권을 잡자 사회의 다양한 분야에서 선도적인 위치를 점유하면서 자연스럽게 권력층으로 부상하였다. 또한 교회가 한국 사회에서 사회문화적으로 선도적인 그룹이 되면서 한국 사회의 중상류층이 교회 내로 많이 유입되었다. 이와 더불어 교회도 지속적인 성장을 통해 몸집을 키워나가기 시작했다.

교회의 성장과 교인들의 사회적 계층 변화가 의미하는 것이 무엇일까? 한국 교회가 한국 사회에서 권력 집단으로 부상하게 되었다는 뜻이며, 그 결과 교회는 다른 집단에 비해 상대적으로 보수적인 색채를 띠게 되었다는 것이다. 이런 현상은 지금까지도 계속되고 있다.

앞에서 언급했듯이, 이미 반공이라는 가치로 굳게 하나가 되어 있었던 보수 정치 세력은 보수 교회의 지지를 받은 만큼 그들을 도와주기도 했다. 이것은 결국 한국 보수 교회, 특히 대형 교회와 교단의 유력한 목사들이 보수적 독재 정권과 결탁하면서 기득권층을 형성하는 결과를 낳게 되었다. 그 결과 두 세력은 서로의 이익을 챙겨주고 지원해 주고 나눠 갖는 '이익의 카르

텔'을 형성하게 되었다. 이렇게 한국 사회의 보수적인 세력과 결탁한 한국 보수 교회는 사회적으로 보수적인 색채를 띠는 것이 당연하게 되었다.

4. 세속화

한국 교회가 보수화의 길로 간 네 번째 요인은 세속화다.

한국 교회는 기독교 역사에서 유래를 찾아보기 힘든 대부흥을 이뤘다. 기독교인들은 폭발적인 부흥을 하나님의 축복의 결과라고 생각한다. 그러나 한국 교회의 양적 성장이 진정한 교회의 성장이라고 단정하기는 어렵다. 왜냐하면 교인 수의 성장은 그 이면에 어두운 그림자를 드리우기 때문이다. 그 대표적인 것이 기복신앙과 돈과 권력을 추구하는 모습이다.

한국 교회 부흥에 기복신앙이 지대한 역할을 했다는 것은 이미 상식이 된 사실이다. 예수 믿으면 복 받고, 성공하고, 병이 낫는다는 부와 성공과 건강의 복음이 부흥사들에게서 시작해서 이제는 대다수 목사들의 핵심 메시지가 되었다. 복을 받기 위해 사람들이 몰려들고, 복으로 장사하면서복채처럼 돈이 모이게 되고, 그 돈은 다시 사람들을 끌어모으는 데 재투자 되면서 선순환(?)의 구조가 완성된다. 성공, 출세, 부유함, 건강, 야망의 실현, 가족이기주의, 편안한 삶, 물질주의, 과시 욕구 등은 이제 세상 사람들의 특징이 아니라 교회 내 익숙한 풍경이 되었다.

현대 자본주의 사회에서 돈은 곧 힘이다. 이것은 교회에도 그대로 적용되어서 돈이 많아진 교회는 세상에서 권력을 갖게 된다. 어떤 종교든 세력이 커지면 예외 없이 권력의 길을 가게 된다. 그 결과 교회는 현세적인 이익을 추구하는 집단으로 전락한다. 권력과 돈을 손에 쥐고, 그것들을 유지하고 더 확장하려는 세력은 보수주의의 길을 걷게 된다. 보수주의는 그 속성상 사회의 변화보다 안정을 원하는 사상이기 때문이다. 결론적으로, 기복신앙으로 대표되는 교회의 세속화는 교회를 보수적인 집단으로 이끌어갔고, 세상 속에서도 보수주의자들의 동지가 되게 만들었다. 추구하는 이익이 같고 목표가 같기 때문이다.

5. 반동성애와 반이슬람

반공주의와 자본주의 두 가지는 한국 보수 교회에서 꽤 오랫동안 자리 잡은 사상인데, 21세기 들어서 여기에 새로운 입장이 추가되었다. 그것은 반동성애와 반이슬람이다.

동성애는 20세기 중반 이후 전 세계에서 뜨거운 이슈로 등장했다. 전 세계에서 동성애를 취향과 정체성의 문제로 인식하는 변화가 일어났다. 그러나 미국에서는 여전히 이 이슈가 사회를 분열시키고, 기독교를 분열시키는 핫이슈다. 그것이 지금 한국 사회와 교회에서도 그대로 재현되고 있다.

한국 보수 교회는 왜 동성애 이슈를 중요하게 여길까? 무엇보다 성적 취향이나 성적 정체성의 변경은 하나님의 창조 질서를 파괴한다고 보며, 인간이 하나님을 대적하는 매우 중요한 저항 행위로 보는 것이다. 그래서 이것을 용인하면, 개인의 성적 문란을 조장하게 되고, 더 나아가 기독교의 핵심적인 전통 가치들인 인간성, 남녀 관계, 결혼, 가정, 사회질서을 파괴한다고 보기 때문이다.

이슬람을 반대하는 이유는 좀 더 명확하다. 역사적으로나 현재 상황에서 기독교에 가장 적대적인 세력이고 기독교를 무너뜨릴 수 있는 힘으로 보기 때문이다.

한국 보수 교회가 동성애와 이슬람 이슈의 심각성을 더 크게 느끼게 된 것은, 유럽의 기독교가 동성애를 용인하고 이슬람 이민자들을 대거 받아들인 결과, 소멸의 위기에 처했다고 보기 때문이다. 그리고 이제 그것들이 한국 교회도 무너뜨릴 수 있다고 보기 때문이다.

그래서 이들은 진보주의 세력이 종교의 다양성을 주장하면서 이슬람 세력의 국내 확장을 용인하고, 성의 자유화와 인권을 주장하면서 동성애를 부추긴다고 생각하기에 진보 정치 세력을 지지하지 않는 것이다. 더 나아가 이런 진보적 경향이 궁극적으로 교회도 파괴한다고 보기 때문에 그들을 지지할 수 없다고 생각한다. 반면에 보수 정치 세력은 동성애나 이슬람 이슈에서 보수 교회와 입장을 같이 한다고 보기에 강력하게 지지하는 것이다. 이들은 이 문제들을 교회의 사활이 걸려 있는 중요한 이슈로 보고 있다.

3. 한국 교회 극우화

1. 진보 세력의 대두

한국의 보수적인 교회가 보수 정치 세력의 지지 세력 내지 선봉대장 역할을 한 것은 해방 이후 역사에서 줄곧 나타났던 모습이다. 그런데 21세기에 들어서면서 그 모습이 점차 심화되었고, 이제는 단순히 보수 세력이라는 것을 넘어서 '극우 세력'을 대표하는 집단이 되었다. 그래서 박정희, 전두환 독재자에 이어 또 다른 내란 사태를 일으킨 윤석열까지 지지하는 모습을 보여주고 있다. 탄핵 반대 집회 참가자의 다수가 기독교인이라는 보고가 많이 나오고 있다 합리성을 상실하고, 인간에 대한 존중을 버리면서, 극우적인 성격을 띠게 된 것이다. 왜 이렇게 되었을까?

이 변화의 기점은 1997년 김대중 정부로의 정권 교체였다. 그 이전까지는 보수 정치 세력이 오랫동안 정권을 장악하고 있었기에 사회가 보수적인 신념 우위의 모습이었고, 한국 교회도 별 어려움 없이 자신의 보수적인 신념을 유지하면서 나름대로 평안하게 지낼 수 있었다. 그런데 진보적 세력으로 보이는 민주당으로 정권이 교체되면서, 한국 교회는 자신들의 신념과 반대되는 사회가 형성될 두려움에 휩싸이게 되었고, 그때부터 거리로 나와 반정부 투쟁을 시작하게 되었다.

2천 년대 들어오면서 사회적 분위기가 점차 진보적으로 변하는 상황에서, 보수 세력이 선거에서도 종종 패배하고 사회적 이슈나 논리적으로도 밀린다는 것을 느끼면서, 한국 교회는 점차 극우적 모습을 보이기 시작했다. 이제는 국민을 논리와 합리적 이성으로 설득하여 자기편으로 만드는 것이 점점 더 어려워지고 있다는 것을 인식하면서 억지와 힘에 의존하기 시작한 것이다. 그것을 주도했던 사람들이 서경석, 김진홍과 몇몇 대형 교회 목사들이었고, 지금은 비록 전광훈이 전면에 드러나 있지만 그 뒤에서 물심양면으로 지원하고 동조하는 수많은 목사들이 있다. 이렇게 해서 지금 한국 보수 교회는 보수 정치 세력의 위기의식에 동조하면서 보수 세력을 복원하기 위해 합리성 상실과 인간에 대한 존중 상실이라는 극우적 특징을 공유하면서 완전히 극우의 길로 가버렸다.

2. 극우화의 촉진제 - 반지성주의

그런데 위에서 언급한 몇 가지 요인들 이외에 한국 교회가 보수주의를 넘어 수구주의, 극우주의로 빠르게 달려나가는 것을 막지 못한, 또는 촉진한 또 다른 이유가 있다. 그것은 한국 교회가 '반지성주의'에 빠져있다는 현실이다. 이것이 한국 교회가 극우로 달려가는 기초를 제공한 요인이다.

한국 교회가 반지성주의적이라는 비판은 이미 오래전부터 있어 왔다. 한 마디로 말해서 공부를 안 한다는 것이다. 신앙에 대해 깊은 성찰을 하지 않는다는 것이다. 성도들은 복을 받는 것에만 관심을 쏟는 기복신앙에 빠져있고, 목사는 오로지 교회를 성장시키는 것에만 집중하고 있다. 기독교인으로서 어떻게 살아가야 하는지, 세상을 어떻게 변화시켜야 하는지에 대해 깊이 있는 성찰을 하지 않고 공부도 하지 않는다는 것이다.

이렇게 비판하면, 즉각적인 반론이 제기된다. "무슨 소리를 하는 거냐? 우리는 성경을 열심히 공부한다."고. 성경을 열심히 읽고, 외우고, 쓰고, 공부하는 데 열정을 다하고 있다고 말한다. 틀린 말은 아니다. 한국 기독교인들은 성경을 금과옥조처럼 소중하게 여기고, 성경을 읽고 쓰고 외우고 공부하는 것을 최고의 가치로 여기고 있다. 성경이 기독교의 경전이기 때문에 이런 모습은 그 자체로 이상하다고 할 수는 없지만, 한국 교회는 다른 나라에 비해 이런 경향이 더 강한 것처럼 보인다. 그렇다면 이것이 한국 교회와 기독교인이 '반지성주의'가 아니라는 증거인가?

그렇지 않다! 문제의 핵심은, 교회에서 하는, 조금이라도 지성적인 특성이 있다고 할 수 있는 설교와 성경공부 내용 대부분이 성경 본문 공부에 치우쳐 있다는 점이다. 창세기 공부, 복음서 공부, 로마서 공부, 등등. 설교도 그렇고, 성경공부 내용도 여기에서 크게 벗어나지 않는다. 그런데 문제는, 이렇게 성경만 열심히 공부하면서 정작 실제 삶에 필요한 주제에 대해 성경적 사상이 어떻게 말하고 있는지에 대해서는 수박 겉핥기 식의 피상적인 이해를 답습할 뿐, 깊이 있는 성찰은 거의 하지 않는다는 것이다.

우리가 사는 세상은 다양한 이슈들이 난무하는 복잡한 세상이다. 그래서 우리가 기독교인답게 살기 위해서는 세상사에 대해 기독교적 성찰을 신중하게 해야 하는데, 현재 한국 교회 대다수가 그 작업을 하지 않는다. 이것은 유교의 영향을 받은 '경전주의'의 모습이라고 말할 수도 있겠다. 조선 시대 유학자들은 현실적 문제를 도외시한 채 경전 해석을 놓고 갑론을박을 벌이다가 국가 위기까지 자초하는 지경에 이르렀는데, 지금 한국 교회가 이와 똑같은 모습을 보여주고 있는 것이다. 기독교 경전인 성경 자체에 대한 공부에는 엄청난 열심을 내고 있지만, 실제 세상살이와 관련된 이슈들에 대해서는 전혀 기독교적 성찰을 못하고 있는 것이다.

　교회에서 기독교와 정치에 대한 강의를 들어본 적이 있는가? 어떤 정치가 하나님이 기뻐하시는 정치인지, 기독교인은 정치에 어떻게 참여해야 하는지? 후보자를 선택하는 기독교적 기준은 무엇인지? 보수주의와 진보주의에 대해 기독교인은 어떻게 평가하고 행동해야 하는지? 기독교인은 경제문제에 대해 어떤 자세를 취해야 하는지? 기본소득에 대한 기독교적 평가는 무엇인지? 한국의 복잡다단한 교육 문제에 대해 기독교적 반성과 성찰은 어떠해야 하는지? 기독교인들이 '성지'라고 하는 팔레스타인에서 이스라엘과 팔레스타인하마스이 분쟁을 하고 있는데, 기독교인은 이 문제를 어떻게 바라보고 판단해야 하는지? 이런 다양한 주제들에 대해 교회에서 공부하고 토론하면서 행동 방향을 모색해본 적이 있나? 성도들 대부분은 이런 주제들이 교회에서 다뤄도 되는 것인지, 기독교인이 성찰해야 하는 주제인지에 대해서조차 별다른 생각이 없을 가능성이 크다. 이것이 한국 보수 교회의 모습이다. 그래서 '반지성주의'라고 하는 것이다. 지성이 필요할 때 사용하지 않는 것이다.

　그 결과는 심각하다. 기독교적 성찰이 결여되면 세속적 이데올로기, 내가 태어나고 살아가는 지역의 정치색, 내가 받은 교육에 따른 경제 관념을 맹목적으로 따르게 된다. 그 결과 2천

년 동안 기독교가 강조해온 정의, 평화, 약자 보호, 평등, 인간 존엄과 같은 원리에 대해서 잘 모를 뿐만 아니라, 정치, 경제, 사회, 교육, 문화, 과학 등 우리가 사는 세상의 다양한 문제들에 대해서도 기독교적 판단이 어떠해야 하는지 전혀 알지 못하는 결과를 초래한다.

한 가지 예를 들어보자. 과거에 보수적인 교회에서는 기독 교인은 무조건 정부에 복종해야 한다고 가르쳤다. 그래서 박정 희 독재에도, 전두환의 살육 정권에도 저항하지 말고 복종하라 고 가르쳤다. 그런데 어느 날 정권 교체가 되어 김대중 정부가 들어서니까 이렇게 가르치던 한기총을 주도하던 목사들이 갑자 기 기존의 자기 입장을 버리고 가장 먼저 광장에 나가 반정부 투 쟁에 앞장서기 시작했다. 정부에 복종해야 한다는 주장을 버린 것이다. 이것을 이상하게 여긴 어느 신문사 기자가 목사들에게 태도 변화의 이유에 대해 질문했지만, 목사들은 성경이나 신학 적 이유는 전혀 거론하지 않은 채, 그냥 상황이 변했기 때문이라 는 대답만 반복할 뿐이었다. 이것은 그들이 기독교적 정치관에 대해, 정부와 교회의 관계에 대해, '정교분리'에 대해 전혀 공 부를 하지 않았다는 뜻이다. 이것이 반지성주의가 아니고 무엇 이겠는가?

또 다른 예를 들어보자. 하나님은 자본주의를 지지하고 사회주의는 배격하는가? 성경이 자본주의를 무조건 지지하는가? 한국 보수 교회 성도들과 목사들은 그렇다고 생각한다. 왜? 성경을 피상적으로 읽고, 기독교 윤리를 제대로 공부하지 않았기 때문이다. 구약 시대 이스라엘의 희년 제도는 무엇인가(레위기 25장)? 50년마다 토지를 원주인에게 돌려주는 것은 토지개혁과 유사한 공산주의적 발상 아닌가? 이것을 명령한 분은 누구인가? 마르크스인가? 김일성인가? 하나님이지 않은가? 기독교 최초의 교회인 예루살렘 교회 성도들은 자기 재물을 자기 것으로 여기지 않고 모두 공동으로 소유했다고 하는데, 이것 역시 공산주의적 모습 아닌가? 예수님은 포도원 품꾼의 비유에서 하나님을 8시간 일한 사람이나 5시간 일한 사람이나 심지어 한 시간 일한 사람에게 동일한 임금을 주는 주인과 같은 모습으로 묘사하는데, 이것이 어떻게 능력과 기여에 따라 정확하게 보답을 해주어야 한다고 생각하는 자본주의와 조화될 수 있는가?

이처럼 한국 교회 성도들은 성경 자체에 대한 열정은 대단하지만, 성경을 기초로 세상의 다양한 문제들을 성찰하려는 시도는 거의 하지 않는다. 이것은 마치 밥만 많이 먹고 반찬은 먹지 않아서 영양실조에 걸린 것과 같은 모습이다. 삶의 다양한 주제들을 기독교 신학, 특히 기독교 윤리학을 토대로 공부를 했다면, 진보든 보수든 성경과 신학에 기초한 논리적인 입장을 정립

할 수 있을 텐데, 그런 성찰이 없기 때문에 논리는 없고 억지만 남은 '극우'로 빠져든 것이다.

3. 기독교 극우적 행동을 촉발한 동기

반공주의, 미국식 자본주의 숭상, 반동성애와 반이슬람, 이 모든 것의 배양균 역할을 한 반지성주의가 한국 교회가 보수화되고 극우로 달려가는 사상적 기반이 되었다고 말했다. 이런 생각의 바탕 위에서 실제로 보수 교회 목사와 성도들을 광장으로 달려나가게 만든 두 가지 내적 동기가 있다.

첫째는 두려움이다.

한국 보수 교회 지도자들은 진보주의자들에 의해 진행되는 세속화가 한국 사회뿐만 아니라, 특히 기독교에 위협이 된다고 생각한다. 북한과 대화를 하고 타협을 하면 우리 사회가 점차 공산화가 될 것이라고 염려한다. 차별금지법, 이슬람 용인, 사회주의적 경제체제를 도입하면 반기독교적 분위기가 형성되어 나라도 몰락하고 기독교도 사탄의 세력에 억눌리게 될 위험이 있다고 걱정한다. 그래서 이들은 이렇게 세속적인 흐름을 주도하는 민주당과 같은 진보 세력이 정권을 잡으면 나라가 망하는 길로 가게 되고, 한국 교회도 심각한 타격을 입게 될 것이라고 염

려한다. 이렇게 근거 없고 과장된 생각을 유포하는 정치 유튜버들과 극우 정치 세력의 이야기에 현혹되고 있는 것이다.

두 번째는 사명 의식이다.

보수 기독교인의 생각 저변에는 한국이 미국처럼 기독교적 국가가 되는 것이 좋다는 생각이 자리 잡고 있다. 이런 이유로 이승만을 추앙한다. 이승만은 제헌 국회 개원식을 목사의 기도로 시작할 정도로 우리나라를 기독교 위에 건설하려고 했던 사람이었고, 다방면으로 기독교 친화적인 정책을 펼쳤다. 보수 기독교인들은 바로 이런 것이 기독교인이 해야 할 일이라고 생각한다. 기독교 국가적 사고방식인 것이다.

그래서 기독교 율법의 토대 위에 사회와 국가를 세워야 한다고 생각한다. 이들은 반동성애, 반공주의, 자본주의가 성경적이라고 확신하고, 그 토대 위에 대한민국을 세워야 하나님이 기뻐하시는 나라, 축복하시는 나라가 될 것이라고 확신한다. 그것이 하나님을 섬기는 길이고, 나라와 민족을 위하는 일이라고 굳게 믿고 있다. 이것은 매우 강력한 종교적 사명 의식이다.

이렇게 대한민국이 세속화될 것 같은 두려움과 이 나라를 기독교 국가로 세워야 한다는 사명 의식이 결합하여 극우적 생각을 광장으로 끌고 나가 구체적인 행동으로 표출하는 것이다.

4. 극우적 행동으로 나서게 된 동력

극우적 사상과 동기는 그 자체만으로는 사람들을 광장으로 이끌지 못한다. 한국 교회가 실제로 극우적 행동에 적극적으로 나설 수 있게 해준 가장 중요한 동력은 자신들에게 힘과 권력이 있다는 생각이다.

생각해보자. 기독교인이 소수였다면 광화문을 점거하는 행동이 가능했을까? 쉽지 않을 것이다. 이슬람 국가의 기독교인들이 기독교가 박해를 받는다고 이렇게 광장으로 나가 폭력적이고 무법적으로 시위를 할 수 있을까? 절대로 하지 못할 것이다. 이런 정치적 행동은 기독교가 소수파라면 엄두도 못 낼 일이다.

예전에 기독교인의 수가 적었을 때는 골방에서, 교회에서, 기도원에서, 국가와 민족을 위해 기도했다. 하나님께 의지했다. 그것이 그들이 할 수 있는 전부였다. 그러나 이제는 자신들의 생각을 관철할 수 있는 힘이 있다고 생각한다. 그래서 광장으로 나간다. 한국 보수 교회는 자신들이 돈과 사람, 즉 권력이 있다고 생각하기 때문에 파괴적인 행위를 거침없이 하는 것이다.

우리는 한국 교회 극우 집단의 파워풀한 모습을 여러 집회에서 확인할 수 있다. 유력한 정치인들이 극우 목사들 앞에 머리를 조아리고 무릎을 꿇는다. 왜? 목사들이 힘이 있다고 생각하기 때문이다. 정치인들은 힘과 세력이 어디 있는지 누구보다 잘 아는 사람들이다. 기독교 극우 집회를 주도하는 곳에 돈이 몰리고 있다. 전광훈은 자신이 한 해에 정치 집회를 위해 천억 원을 쓴다고 주장한다. 손현보에게도 백억씩 뭉티기로 돈을 갖다 주는 사람들이 줄을 섰다는 말도 있다. 민주주의 사회, 자본주의 사회에서 돈과 사람은 권력의 핵심이다. 지금 한국 보수 교회는 이 두 가지를 다 가지고 있다고 자신한다. 그래서 자신들의 극우적 생각을 실현하기 위해 구체적인 행동으로 옮기고 있는 것이다.

그러나 한국 교회의 힘이 절정에 달하여 그것을 과시하는 순간부터 한국 교회의 동력은 급격하게 상실될 것이다. 마치 느부갓네살 왕이 권력의 절정기에 그것을 과시하다가 권좌에서 쫓겨나서 들짐승과 함께 거하는 신세가 된 것처럼, 헤롯 왕이 자신의 권력을 자랑하다가 하나님의 징계를 받아 일순간에 죽음을 맞이한 것처럼. 이것은 기독교 역사 2천 년이 증명한 것이다. 한국 교회도 자신의 권력을 의지하다가 그 세속적 권력과 함께 몰락의 길을 걷고 있는 중이다.

4. 그러면 어떻게 할 것인가?

1. 반지성주의를 바로잡는 노력이 필요하다.

보수주의를 넘어서 극우로 치닫는 흐름은 쉽게 막거나 돌이킬 수 없는 현상이다. 우리나라뿐만 아니라 세계 여러 나라에서도 동일한 흐름이 나타나고 있기 때문이다. 이렇게 극우 세력이 점차 그 범위를 넓혀가고 있다는 현실은 미래의 전망을 어둡게 한다.

그렇다고 해서 아무 노력도 없이 그저 바라만 보고 있을 수는 없다. 늦었다고 생각할 때가 가장 빠른 때라고 생각하면서 지금 할 수 있는 것을 해봐야 한다.

그중에서 가장 시급하고 중요한 것은 극우주의에 양분을 공급해 주고 있는 반지성주의의 흐름을 되돌리는 것이다. 보수적인 교회에 속한 사람들뿐만 아니라 진보적인 교회에 속한 사람들도 자신이 사회 속에서 세속적인 가르침에 의해 학습한 생각을 맹목적으로 따르지 말고, 기독교적으로 성찰하려는 노력을 해야 한다.

극우에 동조하지 않는 개인 그리스도인들도 삶과 사회의 다양한 주제들에 대해 성경적이고 신학적인 공부를 해야 한다. 그런 주제를 다루는 책을 찾아서 읽고, 다른 형제자매와 스터디 그룹을 만들어 함께 공부하면서 반지성주의를 탈피하려는 노력을 해야 한다.

교회 전체 차원에서도 교육 프로그램을 재점검해야 한다. 성경 일변도 내용에서 탈피하여 경제, 사회, 문화, 국제, 교육,

과학, 등 다양한 주제를 포괄하도록 확장해야 한다. 특별히 현재 정치적 격변기를 지나고 있는 상황을 정치적 이슈를 다룰 좋은 기회로 생각해서 정치에 대한 기독교인의 자세와 행동 방향에 대해 깊이 성찰할 수 있는 프로그램을 마련해야 한다. '경건'의 개념을 편협하게 설정하지 말고, 세상 속에서 살아가는 그리스도인의 경건이 어떠해야 하는지 고민하면서 교육 프로그램을 생각해야 한다.

2. 전망

점차 극우의 길로 나아가고 있는 한국 보수 교회는 앞으로 어떻게 될까? 두 가지 가능성이 있을 것이다.

첫 번째 가능성은 비관적인 것인데, 한국 보수 교회가 계속 극우화의 길로 가는 것이다.

한국 기독교가 쇠퇴하고 있다고는 하지만, 아직도 수백만 명의 기독교인이 있다. 한국 교회의 다수가 보수적인 교회라고 볼 때, 이들이 점차 극우 세력에 설득되어 편입되어 버릴 수 있다. 다른 한편으로, 제2, 제3의 전광훈이 계속 나올 가능성이 있기 때문에, 이들 세력이 쉽게 수그러들지는 않을 것 같다. 그렇게 되면 한국 교회는 정치 집단화하면서 기독교의 정체성이나 동력을 완전히 상실하게 될 것이다. 그것은 가뜩이나 쇠퇴하고 있는 한국 교회의 몰락을 재촉하게 될 것이다.

두 번째 가능성은 낙관적인 것인데, 교회가 극우화의 길에서 돌이키는 것이다.

대통령 탄핵과 정권 교체, 특검의 내란 수사로 계엄과 내란 세력이 쭈그러들게 되고, 계엄 동조 세력이나 법원 파괴 세력, 가짜 뉴스 세력이 사법적 단죄를 받아 그 동력이 파괴될 때, 한국 교회 성도들이 제정신을 차리게 될 가능성도 없지 않다. 그래도 보수적인 색채를 쉽게 버릴 것 같지는 않지만, 전광훈과 같은 이단 사이비 정치 세력들에 대한 교훈을 얻어 앞으로는 그렇게 쉽게 그들의 선동에 부화뇌동하지 않을 가능성도 있지 않겠는가.

그러나 어느 쪽이든 한국 교회가 쉽게 다시 회생할 것 같지는 않다. 이미 돌이킬 수 없는 강을 건넌 것 같은 분위기다. 보수 교회의 침묵하는 다수 교인들이 지속적으로 교회를 이탈할 것이다. 비기독교인들은 교회를 비이성적인 정치적 집단으로 인식해서 발을 들여놓으려고 하지 않을 것이다. 그러면 어떻게 되겠는가? 아주 특별한 하나님의 은혜가 없다면, 한국 교회는 계속 몰락의 길을 가게 될 것이다. 극우로 계속 달려가면 몰락의 속도가 더 빨라질 것이고, 돌이키면 그 속도를 조금은 늦출 수 있는 정도의 차이만 있을 것이다.

결론

지금 한국 교회는 '영적 전쟁'의 한복판에 들어가 있다. 이 싸움은 "통치자들과 권세들과 이 어둠의 세상 주관자들과 하늘에 있는 악의 영들"엡 6:12과의 싸움일 수 있다. 실제로 윤석열과 김건희의 뒤에는 무속 신앙, 성경적으로 말한다면, 귀신과 악한 영의 세력이 도사리고 있다. 그러므로 이 싸움은 영적 전쟁일 수 있다.

우리는 사탄이 예수님을 유혹한 것에 주목해야 한다. 사탄은 권력을 미끼로 유혹했다. 마 4:8-9, "또다시 악마는 예수를 매우 높은 산으로 데리고 가서, 세상의 모든 나라와 그 영광을 보여주고 말하였다. '네가 나에게 엎드려서 절을 하면, 이 모든 것을 네게 주겠다'" 사탄은 지금도 동일한 계략을 사용한다. 권력을 미끼로 교회를 유혹한다. 그래서 교회가 권력과 가까워지고, 세상에서 권력을 사용하기 시작하는 순간 사탄의 계략에 넘어가게 되고, 결국 몰락의 길로 들어서는 것이다. 지금 한국 보수 교회, 극우적 목사와 성도들이 바로 이 올무에 걸려들었다.

따라서 우리는 인간적인 관점뿐만 아니라 영적인 관점에서 정치 상황을 바라보면서, 하나님의 긍휼하신 은혜를 간구해야 한다. 위기는 기회가 될 수 있다. 현재 우리가 당면한 한국 교회 극우화의 위기는 한국 교회가 새로워지는 반전의 기회가 될 수도 있지 않겠는가?

2부 · 교회와 정치의 관계

3. 정교 분리

정교분리는 현대 국가에서 당연시되는 것이었다.

대한민국도 헌법에 정교분리 원칙을 명확히 규정하고 있지만, 과거 역사에서는 실제적으로 정교일치적인 모습이나 시도가 빈번하게 나타났었다. 21세기에도 다시 한국 보수 기독교를 중심으로 정교분리를 위반하고, 정교일치를 추구하는 모습이 나타나고 있다. 이것은 매우 우려되는 모습이다. 왜 정교분리 원칙이 세워졌는지, 그것이 깨졌을 때 정치적으로 어떤 부작용이 초래되고, 교회에도 어떤 부정적인 영향을 주는지 전혀 이해하지 못하기 때문에 무지 가운데 벌어지는 현상으로 보인다.

1. 정교분리 역사

먼저 정교분리 역사에 대해 간략하게 살펴보자.

1. 정교일치 사회

과거에는 정교일치 사회가 더 많았다. 아니, 거의 대부분의 국가가 정교일치였다고 보는 것이 옳을 것이다. 어떤 국가는 종교 주도적 정교일치를 추구했고호메이니의 이란, 교황의 시대, 반대로 정치 주도적 정교일치를 시도했던 때도 있었다.고대 로마, 일본의 신도, 고려시대 불교와 조선시대 유교

정교일치 국가에서는 기본적으로 국가 종교 이외에 다른 종교를 인정하지 않았다. 그래서 다른 종교를 믿는 사람들이 박해를 당하거나, 다양한 형태로 불이익을 받는다. 그럼에도불구하고 시민들에게 다양한 종교가 은밀하게 들어와 자리를 잡게 되면, 종교들 사이에 갈등이 일어나고 폭력적 충돌까지 벌어져서 많은 사람들이 고통을 받았다.

세월이 흐르면서 사람들의 종교에 대한 열정을 힘으로 막는 일이 어렵다는 것을 알게 되고, 순조로운 통치를 위해서는 다양한 종교를 인정하는 것이 오히려 낫다는 판단이 생기고, 정교일치로 인한 폐해가 심해지면서 점차 종교와 정치권력을 분리해야 한다는 생각이 널리 자리 잡게 되었다.

2. 미국의 정교분리

정치와 종교가 분리되어야 한다는 생각이 국가의 원리로 자리 잡은 것은 미국의 독립과 국가 수립에서부터였다. 종교의 자유를 위해 신세계로 건너간 사람들이 세운 나라였기 때문에 종교의 자유를 보장하고, 정치 권력이 종교 문제에 관여하지 못하

게 하는 것이 매우 중요했기 때문이다.

그래서 미국 독립 초기부터 정교분리 원칙이 확고하게 자리 잡게 되었다. 미국 수정헌법 제1조에 이것이 분명하게 명문화되어 있다. 1791년 "의회는 국교를 설립하거나 종교의 자유로운 실천을 금지하는, 그리고 의사 표현의 자유나 언론의 자유, 또는 사람들이 평화롭게 회동할 수 있는 권리와 불만 사항의 시정을 정부에 청원할 수 있는 권리를 제한하는 그 어떤 법도 만들 수 없다."

3. 한국의 정교분리

프랑스는 조선과 수호통상조약을 맺으면서 가톨릭 교회의 요청을 받아서 정교분리 원칙을 삽입했고, 이것이 우리나라에 처음으로 정교분리 사상이 도입되는 계기가 되었다. 1886년 그와 동시에 우리나라에 처음으로 선교의 자유가 보장되었다.

근대적 의미의 정교분리가 헌법에 명시된 것은 1919년 4월 11일 상해 임시정부의 '임시헌장' 제4조다. 그 후 1948년 대한민국이 건립될 때 정교분리 원칙이 헌법에 확실하게 명시되었다. 제헌헌법 제12조는 이렇게 규정한다. "모든 인민은 신앙과 양심의 자유를 갖는다. 국교는 존재하지 않으며 종교는 정치로부터 분리된다." 몇 번의 개정을 거친 후 현재 대한민국 헌법 제

20조에는 정교분리 원칙이 이렇게 규정되어 있다. 제1항, "모든 국민은 종교의 자유를 가진다." 제2항, "국교는 인정하지 아니하며, 종교와 정치는 분리한다."

2. 정교분리의 의미

정교분리는 현대 대부분의 국가에서 확고한 원칙으로 정립되었지만, 그것이 의미하는 것에 대해서는 여전히 많은 오해가 있다. 그래서 우리는 정교분리 원칙이 무엇을 의미하는지 정확하게 이해해야 할 필요가 있다.

1. 정교분리의 기본적 의미

정교분리 원칙의 출발점은 무엇보다 종교의 자유를 보장하기 위한 것이다. 국가는 시민의 종교 생활에 관여할 수 없고, 통제할 수 없다. 국민은 자기가 원하는 종교를 택할 자유가 있으며, 정부가 국민에게 어떤 종교를 가지라고 강요할 수 없다는 것이다. 여기에서부터 두 번째 의미가 나오는데, 국가는 어느 한 종교를 국가 종교국교로 제정할 수 없다는 것이다. 더 나아가서 국가가 어떤 특정 종교만을 지원하는 법을 제정할 수도 없다. 반대로, 국가는 모든 종교에 대해 실정법을 어기지 않는 한 활동의 자유를 보장해주어야 한다. 부수적인 세 번째 의미는, 징치 권력은 종교와 결합하거나 종교를 이용해서 권력을 행사하려고 해서는 안 된다는 것이다. 권력과 종교가 결합하면 제어할 수 없는 권력의 집중 현상이 발생할 수 있기 때문이다.

요약하면, 정교분리는 정치와 종교의 야합으로 인한 권력의 절대화를 방지하고, 특정 종교에 대한 정치적 우대나 억압을 막으며, 종교 선택과 활동의 자유를 보장하기 위한 것이다.

이렇게 보면 정교분리 원칙이 명확한 것 같지만, 아직도 종종 오해가 생기는 지점이 있다. 그것은 '분리'가 절대적인 것인지, 아니면 상대적인 것인지에 관한 문제다.

2. 절대적 분리

(1) 어떤 사람들은 정교분리가 종교는 정치에 '절대로' 관여하지 말아야 하고, 정치도 종교의 모든 활동에 절대로 간섭하면 안 된다는 것으로 이해한다. 이것을 절대적 분리라고 한다.

이들은 종교는 인간 영혼의 구원에 중심을 두어야 하고, 세속적인 영역은 정치에 맡겨야 한다고 생각한다. 그래서 정치가 어떻게 되든 종교가 절대로 관여해서는 안 된다고 주장한다. 토마스 제퍼슨은 이렇게 말했다, "종교는 오직 인간과 하나님 사이에 관한 것이다." 이것은 종교를 지극히 개인적인 차원으로

만 본 것이다.

국가를 악의 근원으로 보는 여호와의 증인 같은 집단이나, 그리스도인은 국가와 구별된 독립적인 삶을 유지해야 하며 세속 권력으로부터 분리해서 존재해야 한다고 주장하는 아미쉬 같은 집단이 이와 비슷한 견해를 공유한다. 실제로 아미쉬와 보수적 메노나이트는 국가와의 완전한 분리를 주장하면서 연금도 들지 않고, 병역도 거부하며, 선거에도 참여하지 않고, 공무원을 직업으로 삼지도 않는다.

(2) 과거 한국 보수 교회

과거 한국 보수 교회는 정교분리를 절대적인 것으로 생각해서 불의한 독재 권력에 대한 비판조차 하지 못하게 했다. 비판도 정치 관여라고 생각한 것이다. 이처럼 정부에 대한 비판은 정교분리를 내세워 막았지만, 독재 정부를 지지하고 그로 인해 혜택을 얻는 방식으로 정치참여를 하는 것에는 스스럼이 없었다. 여기에는 정교분리 원칙을 적용하지 않은 것이다.

한국 보수 교회는 이승만 대통령을 무비판적으로 '적극적으로' 지지했고, 사사오입 개헌, 3.15부정선거에도 지지 성명을 발표했고, 박정희 정권의 3선 개헌, 유신 개헌 때도 공개적으로 지지를 표명했다. 광주민주화항쟁이 일어나고 얼마 지나지 않았던 1980년 8월에도 목사들은 '국가조찬기도회'라는 이름으로 모여 전두환을 '여호수아'와 같은 사람이라고 칭송하는 아부를 하면서 지지해주는 행태를 보였다. 물론 서슬 퍼런 시절이었기 때문에 다른 말을 하기 힘들었을 것이라는 점은 이해하지만, 그럼에도불구하고 그들은 분명히 정치참여를 한 것이다. 비판하는 것만 정치참여가 아니라 공개적으로 지지하는 것도 정치참여이기 때문이다.

정말로 절대적인 정교분리를 주창한다면 정치와 관련된 어떤 행위도 하지 말아야 한다. 그러나 한국 보수 교회와 목사들은 오랜 세월 동안 말로는 정교분리를 주창했지만, 실제로는 정권을 지지하면서 그로부터 각종 지원을 받아내는 '정교 유착'의 행태를 보여왔다.

(3) 절대 분리 주장은 그리스도인이 사회-정치 문제에 관여해서는 안 된다고 생각하는 이원론적인 신앙에 기초하고 있다.

그리스도인은 예수님이 '만유의 주요 만왕의 왕'이라고 고백한다. 이 고백은 예수님이 교회 안에서뿐만 아니라 세상의 모든 영역에서 주인이 되어야 한다는 것을 의미한다. 그렇다면 정치도 당연히 여기에서 제외되지 않는다. 우리가 세상의 모든 영역으로 파송 받았다면 정치도 우리의 관심 영역이 되어야 하고,

하나님의 주권이 인정되도록 그 속에서 빛과 소금의 역할을 감당해야 한다.

정교분리를 규정한 헌법의 의도 역시 성경의 정신과 마찬가지로, 종교가 정치에 참여하는 것을 금지하는 것이 아니다. 국민이라면 개인이든 단체든 정치 행위를 할 수 있는 권리가 이미 보장되어 있기 때문이다. 따라서 헌법이 말하는 것, 기독교 신학이 말하는 것은 절대적 분리가 아니다. 우리는 하나님의 정의가 이 땅에 이루어지도록 정치에 참여할 필요가 있고 권리도 있다.

3. 상대적 분리

(1) 정교분리의 의도

앞에서 정교분리의 의미를 설명할 때 언급했듯이, 정교분리는 정치와 종교의 야합으로 인한 권력의 절대화를 방지하고, 특정 종교에 대한 정치적 우대나 억압을 막으며, 종교 선택과 활동의 자유를 보장하기 위한 것이다. 헌법의 규정에는 종교를 국가 권력으로부터 보호하려는 의도가 담겨있다. 그러므로 정부는 어느 한 종교를 특별하게 우대하거나 국교로 정해서는 안 되며, 모든 종교에 대해 활동의 자유를 보장해주어야 한다. 정교분리가 의미하는 바는 이 정도다. 따라서 어떤 상황에서는 정치가 종교에 개입할 수 있고, 반대로 종교가 정치에 관여할 수 있는 문 역시 열려 있다. 양자는 상대 영역에 관심을 가지고 적절하게 개입할 수 있다.

(2) 국가가 종교기관에 지원을 해주는 것도 가능하다.

예를 들어, 군목, 군종 사제, 군종 승려를 세우고 그 비용을 국가에서 지불하는 것이나각 종교에 대해 차별을 하지 않는다면, 종교 교육이 포함된 사립학교의 전반적인 교육과정이 국가에서 규정한 범위를 포함하고 있다면 일반 학교와 동일하게 국가에서 지원을 하는 것이 가능하다. 이런 활동들은 정교분리의 원칙에 위배되는 것이 아니다.

(3) 종교(교회)가 정치에 관여할 수 있는 경우는 언제인가?

첫째, 교회가 다른 종교에 비해 부당한 대우를 받을 때 정부에 항의하거나 정책 변경을 요구할 수 있다. 이것은 헌법에 명확하게 언급된 권리를 주장하는 것이다.

둘째, 정부가 종교의 고유 활동을 정당한 이유 없이 금지하거나 방해할 때 교회는 저항할 수 있고, 정책의 변경을 요구할 수 있다. 특별한 이유 없이 예배를 금지하거나, 시민 누구에게나 열려 있는 공간을 종교적인 행사라는 이유로 사용하지 못하게 하는 것 등

셋째, 종교는 정부의 '부당한 행위'에 대해 무관심하거나 침묵으로 동조하지 않고 적극적으로 항거할 수도 있다. 이런 행동을 정교분리라는 이름으로 정죄해서는 안 된다. 그것은 시민으로서의 기본적 권리이기 때문이다. 우리는 하나님이 온 세상을 다스리는 분이며, 하나님에 대한 헌신은 영적인 것뿐만 아니라 인간 삶의 모든 영역을 포괄하는 것이라고 믿는다. 정치도 하나님의 다스림 아래 있는 것이므로 교회는 정치가 하나님의 뜻에 따라 움직이도록 관심을 가지고 참여할 사명을 가진다.

따라서 기독교 윤리에 심각하게 위배되는 정부의 행동을 비판하거나 저항의 목소리를 내는 것은 그리스도인과 교회의 의무다. 국가의 의무는 정의를 세우는 것이다. 그러나 정부의 정책이 정의의 원칙을 위배하고 하나님이 부여한 권한 범위를 벗어날 때, 그리고 이런 상황을 정부가 전혀 개선하려 하지 않는 상황에서는 교회가 직접적으로 목소리를 내면서 그 문제에 대해 수정을 요구할 수 있다. 이것은 교회에게도 세상의 정의를 세우는 책임이 있고, 사회의 약자를 보호할 책임이 있기 때문이다. 이것은 윤리적인 문제다. 그러므로 국가가 정의를 심각하게 훼손한다고 판단될 때는 교회가 목소리를 내야 한다. 히틀러의 유대인 학살, 신사참배 강요, 독재 정권의 압제와 같은 경우, 이는 윤리적 이슈에 속한 것이므로 교회가 선지자적 목소리를 내야 하는 것이 마땅하다. 이것은 헤롯의 도덕적 문제를 신랄하게 지적하고 비판한 세례요한의 예를 따르는 것이기도 하다.눅 3:19

(4) 종교와 적당한 거리를 유지해야 하는 것이 정치라지만, 정치가 종교 내부에서 일어나는 모든 행위에 무관심한 것은 아니다. 사회와 국가에 해를 끼치는 종교인이나 종교단체의 행위에 대해서는 정부가 제재를 가할 수 있다.

정부는 교회 내에서 성폭력, 횡령, 폭행과 같은 불법적 행위가 일어났을 때 적법하게 수사하고 처벌할 권리와 의무가 있다. 이것은 종교 탄압도 아니고 정교분리 원칙을 위배하는 것도 아니다. 사회의 질서를 유지하는 것이 정부의 중요한 기능 중 하나라면, 교회도 그 사회 속에 존재하는 것이기 때문에 교회나 교인들의 어떤 행위가 반사회적이라면 정부는 법의 권한으로 조사하고 처벌할 수 있다. 만약 종교인의 불법을 처벌하지 않는다면 그것이 오히려 특정 종교인에게 특혜를 베푸는 것이 되고, 정교분리 원칙을 위배하는 것이 될 것이다.

JMS 정명석은 자신의 종교 집단 내에서 성폭력을 일삼았다. 경찰의 수사에 의해 결국 그는 구속되었다. 전광훈은 선거법을 위반해서 기소되고 구속된 바 있다. 이것은 종교 탄압이 아니다. 단지 대한민국 시민으로서 실정법을 어겼기 때문에 처벌받은 것이다.

코로나19 확산을 막기 위해 정부는 사회적 거리두기 방침을 정했고, 그것에 의해 모든 종교의 집회가 금지되거나 제한을 받았다. 이것은 종교 박해인가?

어떤 목사와 교회는 이것을 종교 박해라고 생각하면서 저항했다. 전광훈의 사랑제일교회와 손현보의 세계로교회가 대표적이다. 세계로교회는 2021년 1월 10일 코로나19 방역지침 위반으로 부산 강서구로부터 열흘간 운영중단 처분을 받았다. 다음 날인 같은 달 11일엔 시설 폐쇄 처분도 내려졌다. 당시 부산시는 사회적 거리두기 2.5단계를 적용하여 온라인 예배를 진행할 인원 20명 이하 모임 외에는 비대면 예배를 원칙으로 했다. 이런 가운데 세계로교회는 여러 차례 1000명 이상 규모의 대면 예배를 강행해 여섯 차례 고발당했다

그러나 대부분의 교회는 이 조치를 종교 박해로 보지 않았고 방역 당국의 정당한 조치라고 보았기에 수용하고 지켰다. 왜 그랬을까? 이 조치는 기독교에만 제한을 가하는 차별적인 조치가 아니라 모든 종교에 동일하게 적용되는 것이고, 또한 주차장 예배도 가능하고, 거리를 두고 예배당 예배도 드릴 수 있었고, 대면 예배 대신 온라인 예배도 드릴 수 있었기 때문에 예배 행위 자체를 금지한 것이 아니라고 생각했기 때문이다, 또한 종교 활동에 참여하는 사람들을 포함한 국민의 안녕을 위한 긴급하고 예

외적인 상황에서 시행한 합법적인 조치이기에 종교 활동의 자유를 침해하는 것이라고 생각하지 않았기 때문이다. 따라서 이 지침을 어겼을 때 제재를 가하는 것은 종교 박해가 전혀 아니며, 정교분리 원칙을 훼손하는 것도 아니라고 본 것이다. 만약 국가가 정한 법을 어겼다면 어떤 시민이든 처벌을 받아야 하는 것이 공정한 것이다. 목사나 승려나 사제라고 해도 예외가 될 수 없다. 그들도 대한민국의 법 아래 살아가는 시민이기 때문이다.

결론적으로, 정교분리 원칙은 절대적인 것이 아니고, 때때로 교회가 정부에 간섭하고, 정부도 교회에 영향을 행사할 수 있는 상대적 분리다. 다만 언제 거리를 두고 언제 개입하는 것이 옳은지는 세심한 판단이 필요하다.

3. 정교분리 원칙을 버릴 때 발생하는 일

정교분리 원칙이 이렇게 중요함에도 불구하고 어떤 기독교인들은 정치 권력과 결탁하여 자신의 세력을 불리고, 교회에 이익이 되는 정책을 세우려는 시도를 포기하지 않았다. 한국 교회는 예전부터 정교분리를 강하게 주장하면서 반정부적인 시위에도 참여하지 말고 정부를 비판하는 일에도 절대 관여하지 말라고 했지만, 실제로는 과거나 현재나 자신들이 좋아하는 권력자들을 노골적으로 지지하거나 결탁하여 이권을 챙겨왔다. 그러나 그렇게 해서 잠시 이익을 얻을 수 있을지 모르지만, 장기적으로 보면 교회와 기독교에 미치는 폐해가 훨씬 더 크다.

1. 첫째, 교회가 어느 정치 집단과 밀착하면 그들이 잘못되거나 몰락할 때 함께 몰락한다.

'권불십년'이다. 아무리 막강한 권력도 오래가지 못한다. 몰락할 때가 있다. 그런 한시적인 권력과 밀착하면 그들이 몰락할 때 함께 몰락한다. 따라서 권력과 밀착하여 이익을 얻는 것은 위험 부담이 너무 크다. 이것은 마치 10만큼 이익을 얻으려다 자신이 가지고 있는 100을 함께 잃는 것과 같은 결과를 초래하는 어리석은 일이다.

고려 시대의 불교나 조선 시대의 유교, 제정 러시아의 정교회도 마찬가지였다. 볼셰비키 혁명으로 제정 러시아가 망할 때 정교회도 함께 몰락하면서 시민들의 신망을 잃었다. 한시적인 권력 집단과 밀착하는 것은 영원성을 추구하는 종교가 감수하기에는 너무 위험하고 어리석은 도박이다.

2. 둘째, 권력과 결탁하면 필연적으로 부패하게 된다.

이것은 역사가 반복적으로 증명한 것이다. 중세 카톨릭과 고려 시대 불교가 대표적인 예다. 돈과 권력을 쥔 종교는 예외 없이 타락과 몰락의 길을 걸었다. 실제로 한국교회도 성장 과정에서 권력과 결탁하면서 돈과 권력의 맛을 보게 되었고, 그 결과 우리가 지금 보는대로 너무 부패한 집단이 되었다.

그러므로 정치와 거리를 두는 것이 타락의 길로 빠져 들어가지 않는 지혜로운 행보다.

3. 셋째, 기독교의 섬김의 정신을 버리는 것이다.

정치는 속성 자체가 권력을 잡기 위해 다투는 것이다. 따라서 교회가 집단적으로 정치에 깊숙이 관여하면서 권력을 지향하는 것은 예수님이 가르치신 '섬김' 의 정신을 버리는 것이다. 예수님은 자신이 섬기러 오셨다고 말씀하셨고, 제자들에게도 높은 자가 돼서 권력을 휘두르려고 하지 말고 오히려 낮아져서 섬기라고 말씀하셨다.

"인자는 섬김을 받으러 온 것이 아니라 섬기러 왔다."막 10:45

"너희가 아는 대로, 이방 민족들의 통치자들은 백성을 마구 내리누르고, 고관들은 백성에게 세도를 부린다. 그러나 너희끼리는 그렇게 해서는 안 된다. 너희 가운데서 위대하게 되고자 하는 사람은 누구든지 너희를 섬기는 사람이 되어야 하고, 너

희 가운데서 으뜸이 되고자 하는 사람은 너희의 종이 되어야 한다."마 20:25-27

이 말씀은 그리스도인 개인에게만 적용되는 것이 아니다. 오히려 개인 그리스도인은 정치 지도자가 되어 시민들을 섬기는 역할을 감당할 수도 있다. 그러나 교회, 교회 연합 기관, 또는 한 국가의 기독교 전체가 집단적으로 권력을 추구하거나 정치 권력과 결탁하려는 목적이 무엇인가? 섬기기 위한 것이 아니라 힘을 이용해서 자신의 이익을 도모하고 원하는 목적을 관철하려는 것이지 않은가? 이렇게 한다면 사람들이 기대하고, 예수님도 분명하게 말씀하신 기독교의 핵심인 '섬김의 정신'을 버리는 것이다.

4. 넷째, 일시적인 권력과 결탁하면 교회가 육신적인 일에 매이게 되면서 영적인 삶까지 포괄하는 교회의 초월적 속성을 상실하게 될 위험이 커진다.

정치는 이 땅에서 이루어지는 일이고, 육신의 삶에만 관심을 갖는 것이며, 유한한 것이다. 그러나 교회는 이 땅뿐만 아니라 천국과도 관계가 있고, 육신뿐만 아니라 영혼에도 관심을 가지며, 영원하신 하나님과 연결하여 영원한 생명을 선포하고 가르치고 누리는 곳이다. 그렇기에 교회가 세상의 정치 권력과 결탁하면 영원하고 초월적인 속성을 퇴색시키고 무력화하는 과오를 범하게 된다.

5. 다섯째, 선교의 문이 막히게 된다.

교회가 특정 정치 집단과 결탁하면, 그 집단에 반대하는 다른 사람들은 교회를 그 정치 집단과 한패거리로 인식하면서 기독교와 교회도 함께 싫어하게 되지 않겠는가?

이것이 20세기 후반에 남미에서 벌어졌던 일이다. 가톨릭 교회가 부패한 독재 정부와 밀착하여 온갖 이권에 관여하면서 민심을 잃어버렸다. 그 결과 많은 시민들이 명목상으로는 가톨릭 교인으로 남아 있지만, 마음으로는 이미 가톨릭 교회를 떠났다. 그들의 마음을 지금 개신교 선교사들이 파고들고 있다.

또한 이것이 지금 한국 교회에서 벌어지고 있는 일이다. 한국의 보수적인 교회가 보수 정치 집단과 지나치게 밀착되어 있기 때문에, 반대쪽을 지지하는 사람들이 교회를 떠나고 있고, 교회 밖에 있는 사람들은 정치 집단화한 교회를 욕하면서 복음에도 마음의 문을 닫고 있다. 그렇게 선교를 강조하는 한국 교회, 땅끝까지 가서 복음을 전해야 한다고 열변을 토하는 보수 교회 목사와 성도들은 정치적 입장이 다른 사람들에게는 복음을 전할 생각이 없는 것인가? 그들은 선교의 대상이 아닌가? 구원받아야 할 사람들이 아닌가?

결국 교회가 정치와 결합하는 것은 유한한 정치적 견해 차이로 인해 영원한 구원의 복음을 전할 기회를 스스로 차단하고 제한하는 것과 같다.

이런 여러 이유로 정교분리 원칙을 잘 지키는 것이 오히려 교회를 위한 길이다.

4. 어떻게 해야 할까?

지금 대한민국 상황에 비추어 볼 때, 기독교인들이 정교분리 원칙을 존중하면서 특별히 유념해야 할 것들이 몇 가지 있다.

1. 타종교에 대한 태도

우리는 기독교가 참된 진리라고 확신한다. 하지만 사회는 다양한 생각을 가진 사람들이 협력하면서 살아가야 하는 곳이다. 그렇기에 생각, 사상, 정치적 신념, 심지어 종교가 다른 사람이라 할지라도 함께 살아가야 할 사람으로 여기고 존중해야 한다. 사회에 큰 해악을 끼치고 가정과 사회를 파괴하는 사이비 종교가 아니라면 다른 종교인를 존중해야 한다. 그것이 정교분리 원칙에 숨겨진 의도이기도 하다. 종교의 자유를 허용한다는 것은, 시민들 각자가 선택하는 종교를 인정한다는 것이고, 더 나아가서 종교가 다르다고 서로 반목하고 싸우지 말라는 뜻이기도 하다. 다른 종교와 종교인들을 동료 시민으로 인정하고 잘 지내라는 뜻이다. 그것이 사회를 평화롭게 유지하는 길이고 모든 사람에게 유익이 되는 길이라는 뜻이다.

우리가 타 종교를 존중한다는 것은 다른 종교를 기독교와 동등한 것으로 인정한다는 뜻이 아니다. 우리는 오직 하나님만이 유일한 신이며, 오직 예수 그리스도를 통해서만 구원을 얻을 수 있다고 믿는다. 따라서 성경에 의하면 다른 종교는 인간을 미혹하는 잘못된 것이라고 생각한다. 그러나 다른 종교를 믿는 사람들도 이 세상을 함께 살아가는 동료 사회구성원이기 때문에 그들을 존중하는 것이다. 그가 다른 종교를 믿는다고 해서 하나님의 형상으로 창조된 인간이 아닌 것도 아니고, 한 사회에서 함께 살 수 없어서 밀어내야 하는 존재가 되는 것도 아니다. 우리는 지금 다종교 사회에 살고 있기 때문에 서로를 존중하는 것이 필요하다. 따라서 어떤 기독교인이 불교 사찰에 들어가서 불상을 훼손하거나 이슬람 사원의 건립을 정당한 이유 없이 저지하는 일은 정말로 무례한 일일 뿐만 아니라, 오히려 기독교에 욕을 먹이는 반기독교적 행위다.

2. 교회가 정치 권력과 밀착하지 않도록 조심해야 한다.

교회를 목사나 교인의 일부가 지지하는 정치인이나 정당을 선전하는 정치의 장으로 만들면 안 된다. 목사가 노골적으로 어떤 정치인을 지지하거나 편들면서 정치 선동을 하거나, 어느 정치 집단과 완전히 밀착해서도 안 된다. 목사는 교회의 대표자로 인식되기 때문에 이렇게 하는 것 역시 정교분리 원칙을 어기는 것과 같다. 그래서 실정법으로도 이런 행위를 규제하고 처벌하는 것이다.

3. 특정 정치 세력을 '지지하는 것'과 '비판하는 것'을 구분해야 한다.

종교 단체나 종교 지도자가 어느 정치인이나 정치 집단을 적극적으로 지지하면서 결탁하는 것은 정교분리 원칙에 어긋난다고 말했다. 하지만 이것은 정치에 전혀 관여하지 말라는 뜻은 아니다. 앞에서 살펴보았듯이, 정치 권력이 하나님의 정의와 평화를 위해 권력을 사용하지 않고 불의를 일삼는 데 사용한다면 그것을 비판하고 제어하는 것은 교회가 감당해야 할 역할의 하나다. 따라서 교회가 어떤 정치 세력과 결탁하는 것은 문제가 있지만, 사회에 심각한 혼란을 초래하는 부정하고 불의한 정치 행위를 비판하는 것은 필요한 일이다. 이 두 가지는 전혀 다른 것이다. 구분해야 한다.

세속 사회를 살아가는 교회가 기독교적 정신을 살리는 것은 정치를 견제하고 감시하고 비판하는 기능을 수행하는 것이다. 정치 권력과 거리를 두면서 하나님이 그들에게 맡기신 권력을 제대로 사용하는지 감시하고 비판하는 것이 세속 사회에 존재하는 교회의 중요한 역할이다. 정치 권력과 결탁하면 이익을 얻을 수 있겠지만, 비판하면 손해를 감수해야 할 수도 있다. 그러나 그것이 정의와 평화의 세상을 원하시는 하나님의 뜻을 따르는 길이다.

4. 기독교 국가?

1. '기독교 국가'를 주장하는 사람들

1. '동방의 예루살렘'

예전부터 한국 교회는 민족주의적인 성격이 강했고, 그것이 하나님의 선민사상과 결탁해서 강한 확신으로 자리 잡았다. 그런 생각에서부터 나온 대표적인 것이 우리나라를 '동방의 예루살렘'이라고 주장하는 것이다. 예루살렘에서 출발한 촛대가 서쪽으로 계속 이동해서 로마, 미국을 지나 이제 우리나라에까지 이르렀다는 것이다. 그 결과 세계사에서 유래를 찾아보기 어려운 대부흥을 이루었고, 세계 최대규모의 교회가 즐비한 나라가 되었다고 생각한다.

이스라엘이 신정국가인 것처럼, 우리나라도 하나님이 선택하셔서 축복하신 나라이기 때문에 하나님만을 섬기는 나라가 되어야 한다고 주장한다. 하나님이 기뻐하시는 나라가 되기 위해서는 교회뿐만 아니라 사회 전반, 특히 정치 영역에서 기독교인이 통치자가 되어야 한다고 생각한다. 이런 맥락에서 기독교 정치인이 출마하면 다른 부분을 살피지 않고 전폭적으로 지지하는 행태를 보여주었다. 이승만, 김영삼, 이명박 우리나라를 기독교 국가로 만들려는 열정을 반영한 것이다.

이것이 최근 보수 기독교 그룹에서 '이승만 미화'에 열을 올리는 이유다. 이승만이 우리나라를 기독교 국가로 만들고 싶어 했다는 것은 널리 알려진 사실이다. 1948년 5월 31일 제헌국회 개원식에서는 국회의원이자 목사인 이윤영을 세워 기도로 시작하게 하였다. 당시 우리나라 전체 인구에서 기독교인 비율이 5%도 안 됐지만, 국회의원 198명 중에는 기독교인이 54명27%이나 되었다. 이승만은 기독교 편향적인 정책을 펼치면서 내심 한국을 기독교 국가로 만들고 싶어 했다. 미국이 제공한 원조를 교회에 몰아주고, 적산을 주로 기독교에 배분해주고, 성탄절 공휴일, 군종, 군목, 형목 제도를 도입했고, 국가 의식을 기독교식으로 바꾸고, 기독교 방송국을 허가해주고, 국기에 대한 경례도 '배례' 절하는 것에서 가슴에 손을 얹고 주목하는 '주목례'로 변경하였다. 이승만 대통령 집권기에 정부의 19개 부처 장·차관을 거친 242명 가운데 38%가 기독교인이었다.

최근에 여러 보수적인 목사들이 '기독교 국가'를 언급했지만, 가장 강력하게 언급한 사람은 손현보 목사다. 그는 2025년 2월 18일 왕성교회에서 열린 "희망의 대한민국을 위한 한국 교회 연합 기도회"에서 2~3년 안에 무슨 일이 있어도 교육법을 바꾸고, 기독교 대안 학교를 설립해 한국을 기독교 국가로 만들겠다고 다짐했다. "지금 공립학교에서 하나님의 말씀을 가르칠 수 없고 하나님 말씀과 반대되는 것을 주입식으로 가르치는데, 대응할 수가 없다. 사회보다 교회가 출산율이 3배 높은데, 교회가 국가 지원을 받아서 대안 학교를 세우고 우리 청년들이 학생을 가르치면 얼마 지나지 않아 대한민국은 자동적으로 기독교 국가가 된다. 10년, 20년 후에 기독교 국가가 될 수밖에 없는데, 이런 일을 위해서는 누군가 나서서 행동해야 한다." "한국의 교육법을 바꿔 하나님을 믿는 선생님들이 바른 성경적 가치관을 가르칠 수 있어 아이들이 하나님 말씀을 듣는다면, 한국은 이승만 대통령이 말했던 아시아 최초의 기독교 국가가 될 것이다." 그는 한국 보수 기독교인의 오래된 열망을 노골적으로 표출한 것이다. 뉴스앤조이, 2025.2.18.

2. 기독교 국가를 만든다는 것은 무슨 의미인가?

통상적으로 '기독교 국가'를 말할 때는 다음 세 가지 의미가 담겨있다.

첫째, 다른 종교는 인정하지 않고, 즉 종교 선택의 자유를 인정하지 않고 오직 기독교만을 유일한 종교로 인정하겠다는 것일 수 있다. 대한민국 시민은 종교를 가지려면 오직 기독교만 믿어야 한다는 것이다.

둘째, 모든 국민이 기독교인이 되어야 한다는 뜻일 수 있다. 종교를 갖지 않을 자유도 없다는 것이다.

셋째, 기독교적 규율을 기초로 헌법과 법을 만들겠다는 것일 수 있다. 신율주의theonomy를 주장하는 사람들은 성경의 율법을 기초로 국가의 법을 만들기를 원한다. 십계명을 비롯해서 구약과 신약에 나오는 율법 규정들을 그대로 가져와서 국가의 법으로 만들겠다는 것이다. 주일 상행위 금지, 부모 거역한 자에 대한 처벌, 간통죄 부활, 동성애 처벌, 악한 범죄에 대한 사형 집행 등

과거의 역사적 사례와 현대의 종교 국가들을 살펴보면, 국가가 하나의 종교를 국교로 정하면 정도의 차이는 있지만, 위의 세 가지 일이 모두 일어난다는 것을 알 수 있다.

그렇다면 우리나라를 기독교 국가로 만들겠다는 목사들은 이런 사회와 국가를 꿈꾸는 것인가?

3. 기독교 국가를 만든다는 생각은 기독교인 입장에서 좋아 보일

수 있다.

기독교 국가가 되면 기독교와 교회가 다양한 혜택을 누릴 수 있을 것 같다.

교회는 제약 없이 하고 싶은 활동을 마음껏 할 수 있지 않겠는가? 교회 활동에 참여하면 학교에서도 적극 지원해주고, 체험 학습 인정도 문제없고, 면세 혜택은 물론이고 재정적 지원도 기대할 수 있고.

목사도 많은 혜택을 누릴 수 있을 것이다. 현대 국가 교회 시스템을 채택하고 있는 나라에서는 국가에서 목사 월급을 준다. 아무리 작은 교회 목회자라도 사례비 걱정을 할 필요가 없다. 당연히 은퇴 후 노후도 보장된다. 또한 국가의 여러 기관마다. 학교, 군대, 교도소, 병원 담당 목사를 둘 가능성이 있기 때문에 목사들의 일자리가 대거 늘어나고 위상도 높아질 것이다.

모든 학교가 궁극적으로 '기독교 학교'가 될 것이기 때문에 현재 기독교 학교가 직면한 문제들을 더이상 고민할 필요가 없을 것이다. 학력 인정, 성경 교육, 채플 모든 학교에서 성경을 배우게 될 것이다. 교회와 학교에서 통합적인 신앙 교육이 가능해질 것이다.

현재 활동하고 있는 다양한 기독교 관련 기관들은 세제 혜택을 받거나 활동에 지원을 받을 수 있을 것이다.

또한 기독교 정신의 토대 위에서 사회가 움직이면 좋을 것 같다. 특별한 업무를 제외하고 모든 직장에서 주일 근무가 없고, 주일에 각종 시험을 치르는 것도 없고, 수련회 가는 것도 자유롭고, 모든 기독교 절기를 휴일로 정하고 성금요일, 성탄절 이브, 추수감사절, 국가의 모든 예식을 기독교식으로 하게 될 것이다. 돼지머리 놓고 고사 지내는 것과 같은 미신 행위는 완전히 사라질 것이다. 또한 지금 교회를 대적하거나 훼방을 놓고 있는 다른 종교나 사이비 종파들도 척결될 것이다. 불교, 이슬람, 무당, 점술가, 법사, 신천지, 통일교, 여호와의 증인, 등등은 자취를 감추게 될 것이다. 완전히 기독교 독무대가 될 것이다.

기독교 윤리를 기초로 법을 만들면 좋을 것이라고 생각하는 사람들도 있을 것이다. 전 국민이 주일성수를 하게 되고, 술 담배는 철저히 금지되고, 성적 타락과 관련 있는 산업이나 동성애를 조장하는 것들이 금지되고, 성경적 경제체제인 자본주의를 무너뜨리려는 공산주의와 사회주의도 완전히 금지될 것이다.

기독교인들의 독무대가 되는 세상, 마치 현재 이슬람 국가처럼 종교 경찰이 국민을 다스리고 감시하는 세상, 기독교에 방해가 되는 그 어떤 세력도 발을 못 붙이게 만드는 사회, 기독교인 입장에서 볼 때 너무 멋진 신세계와 같은 모습이 아닐까? 손현보 목사를 비롯해서 기독교 국가를 꿈꾸는 사람들이 기대하는 모습이 이런 것이 아닐까?

2. 기독교 국가, 어떻게 생각해야 할까?

어떤 기독교인들은 우리나라가 기독교 국가가 되면 좋을 것이라고 생각할 수도 있겠지만, 조금만 깊이 생각해보면, 이런 시도와 기대는 오히려 사회적으로 더 심각한 문제를 유발할 뿐만 아니라, 하나님의 의도와도 상충된다는 것을 알게 된다.

1. 첫째, 기독교 국가는 종교 타락의 길이다.

역사는 권력과 결탁한 종교는 필연적으로 타락한다는 것을 분명하게 보여준다.

고려가 불교를 국교로 삼은 결과가 무엇인가? 불교가 권력과 돈을 쥐게 되면서 불교 자체가 극심하게 타락하였고, 승려들이 국정에 관여하면서 국정이 혼란에 빠져 결국 국가의 멸망으로 이어졌다. 시대가 바뀌어 조선이 건국되면서 '억불 정책'을 불러오게 되었고 불교의 쇠락으로 이어졌다.

기독교가 로마의 국교가 된 결과가 무엇인가? '콘스탄틴 기독교'로 전락한 것이다. 권력을 등에 업은 기독교가 돈과 권력의 노예가 되어 타락하면서 기독교 정신을 상실해가지 않았는가? 그것이 중세 가톨릭 교회의 타락상이지 않은가?

우리나라 초대 대통령인 이승만은 친기독교 정책을 시행했고, 그에 대한 보답으로, 또는 기독교 국가에 대한 열망으로 한국 교회는 이승만을 전폭적으로 지지했다. 그래서 이승만이 부정부패를 하고 부정 선거를 획책했음에도 불구하고 무조건 그를 지지했다. 심지어 3.15 부정선거에서도 당시 한국 교회를 대표한다고 하는 KNCC한국기독교교회연합회는 전 교회적으로 이승만과 이기붕을 정부통령으로 뽑자고 유세를 벌일 정도였다. 그러나 4.19혁명으로 결국 이승만이 쫓겨나게 되었고, 당시 국민들 사이에서는 이런 말이 돌았다고 한다, '고려는 불교로, 조선은 유교로, 대한민국은 기독교로 망한다.'

정치와 종교가 일체가 되면 종교도 타락하고, 국가도 망하는 길로 가게 된다. 역사를 통해 이 교훈을 배웠기 때문에 '정교분리' 원칙이 세워진 것이다. 그러므로 이 원칙을 무시하고 다시 옛날로 돌아가려는 것은 역사로부터 제대로 배우지 못한 것이고, 과거의 불행한 시대로 다시 걸어 들어가겠다는, 매우 어리석은 짓이다.

2. 둘째, 현실적으로 불가능하다.

기독교 국가를 만들려는 것은 현재 우리나라 헌법의 정교분리 원칙에 위배된다. 우리나라는 다종교 국가로 출범했다. 따라서 헌법에서 종교의 자유를 인정했고, 국교는 인정하지 않는다고 분명히 밝히고 있다. 기독교를 국교로 정하기 위해서는 헌법을 개정해야 한다. 국회의원 과반수 또는 대통령의 개헌안 발의에 국회 재적의원 2/3의 찬성으로 의결한 후에 국민투표에서 유권자 과반수 투표에 과반수 찬성을 얻으면 개헌안이 확정된다. 이것이 가능할까? 기독교인의 비율이 25% 정도에서 기독교를 국교로 정하는 헌법이 국회를 통과하거나 국민투표를 통과할 가능성은 현실적으로 없다.

상황이 이러한데도 기독교가 힘을 동원해서 이런 시도를 하려고 하면 어떤 일이 벌어질까? 우선 다른 종교인들이 그냥 보고만 있지 않을 것이다. 저항과 반대를 하겠고, 더 나아가서 기독교를 공격할 것이다. 이것은 무엇을 의미할까? 종교전쟁이다. 과거 유럽에서 수백 년 동안 종교가 다르다는 이유로 서로 살육을 일삼았던 종교전쟁이 한반도에서 다시 재연되는 것이다. 비종교인들은 어떤 반응을 보일까? 이런 시도를 절대 용인하지 않을 것이다. 오히려 그들이 더 격분해서 기독교를 공격하고 배척하게 될 것이다.

기독교 국가를 시도하는 것만 아니라 언급하는 것 자체만으로도 종교 간 갈등을 유발하면서 사회 혼란을 초래하게 될 것이다.

3. 셋째, 하나님의 뜻에 어긋난다.

기독교 국가를 세우려는 시도를 하는 것은 하나님의 뜻과 어긋나는 것이며, 오히려 기독교 정신에서 더 멀어지겠다는 것과 같다.

(1) 기독교 국가 설립 시도는 구약 시대와 예수님 이후 시대를 혼동한 것이다.

이런 시도를 하는 사람들은 구약 시대 이스라엘을 모델로 삼아 지금 이스라엘과 같은 나라를 만들려는 것이다. 그러나 BC 587년에 이스라엘이 바빌로니아에 의해 멸망한 후 이스라엘이라는 신정국가는 사라졌고, 하나님은 그것을 다시 복원할 생각이 없으시다. 그 대신 예수님을 믿어 구원받은 사람들로 교회라는 하나님 나라 공동체를 형성해서 '영적 이스라엘'로 삼기를 원하셨다. 이것이 베드로의 다음과 같은 말씀에 분명하게 드러난다, "여러분은 택하심을 받은 족속이요, 왕과 같은 제사장들이요, 거룩한 민족이요, 하나님의 소유가 된 백성입니다."벧전 2:9

따라서 이스라엘을 모델로 하는 '신정국가'를 이 땅에 세우려고 하는 것은 예수님의 구속 사역으로 세워진 교회를 무시하는 것과 같고, 구약 시대로 돌아가겠다는 것과 다르지 않다. 결국 기독교가 아니라 유대교로 회귀하겠다는 뜻이다. 이단적 행태인 것이다.

(2) 예수님의 말씀

"예수께서 대답하셨다. '내 나라는 이 세상에 속한 것이 아니오. 나의 나라가 세상에 속한 것이라면, 나의 부하들이 싸워서, 나를 유대 사람들의 손에 넘어가지 않게 하였을 것이오. 그러나 사실로 내 나라는 이 세상에 속한 것이 아니오'" 요 18:36

예수님은 이 땅에 어떤 물리적인 국가를 건설하려고 세상에 오신 것이 아니라는 점을 분명하게 말씀하셨다. 오병이어 기적을 베푸신 후에 예수님을 왕으로 삼으려는 백성들의 시도를 거부하신 것에서 나타나듯이 예수님은 그런 기회가 있었는데도 불구하고 거부하셨다. 더 나아가서, 예수님이 건설하려고 하는 나라는 이 땅에 세워지는 세속 국가가 아니라 '영적인 나라' '하나님 나라' 라는 것을 분명하게 천명하셨다. 따라서 예수님의 나라는 세상 나라와 혼동될 수 없다. 예수님도 시도하지 않은 것을 그의 제자라고 하는 그리스도인들이 시도한다는 것은 스승의 가르침을 제대로 따르지 않는 것이다.

(3) '기독교 국가'는 사람과 세상을 다스리는 하나님의 방식과 맞

지 않는다.

전도를 생각해보자. 하나님이 마음만 먹으면 얼마든지 사람들을 기독교인으로 만들 수 있을 것이다. 그러나 하나님은 강제적인 방식을 사용하지 않고 '전도'라는 '미련한 방법'을 사용하기로 하셨다.고전 1:21 즉 사람들의 자유 의지를 존중하면서 대화와 설득을 통해서 복음을 받아들이기를 원하신 것이다. 이 원리는 정치 영역에도 그대로 적용된다. 기독교 국가를 만들어서 강제적으로 사람들을 기독교로 개종시키려고 하거나 하나님께 순종하게 만들려는 것은 인간의 자율성을 존중하는 하나님의 뜻과 어긋난다.

사람을 변화시키는 하나님의 방식도 동일하다. 하나님은 사람들을 하나님의 뜻에 순종하게 하려고 강제력을 사용하지 않으신다. 행복한 삶을 위한 하나님의 원리를 알려주고, 가르치면서, 설득하는 방식을 사용하신다. 심지어 하나님의 자녀인 기독교인들도 강제적인 방식으로 제자로 만들지 않고 교회에서 신앙 교육과 훈련을 통해 배우고 성장하기를 인내하면서 기다리신다. 그러므로 기독교 국가를 설립해서 하나님의 뜻이라고 하면서 법을 만들어 사람들이 강제적으로 지키게 하는 것은 하나님의 방식과 어긋난다. 하나님이 직접 주도하지 않는 이런 시도를 어떤 인간도 하나님의 이름으로 주장하거나 시도해서는 안 된다.

사회도 마찬가지다. 하나님이 마음만 먹으면 원하는 사회나 국가를 만들 수 있을 것이다. 그러나 하나님은 힘을 사용해서 사회나 국가를 자신이 원하는 모습으로 만들려고 하지 않으신다. 다만 좋은 세상이 되기 위한 하나님의 방식을 알려주고, 사람들이 그것을 따르기를 기다리신다. 만약 인간이 거부한다면 할 수 없는 것이다. 그들이 그 대가를 치르게 될 것이다.

3. 결론 : 소금과 빛 되기

현재 한국 사회에서 기독교는 계속 쇠퇴하고 있을 뿐만 아니라, 가장 신뢰하지 않는 종교가 되었고, 사람들에게 욕을 먹는 종교가 되었다. 이런 상황에서 기독교가 힘으로 대한민국을 기독교 국가로 만들겠다고 하면 누가 동의하고 지지하겠는가? 오히려 더 비난하고 조롱하지 않겠는가? 기독교의 신뢰도가 더욱 하락하고 더 욕을 먹고, 교인은 더 줄어드는 역효과가 나지 않겠는가? 따라서 '기독교 국가'라는 언급과 시도는 그 자체가 기독교에 해를 끼치는 짓이다.

오히려 지금 이런 언급을 하는 목사들에게 여러 문제가 있다. 그들은 우리가 위에서 살펴본 것과 같은 성경과 신학도, 사회적 상황도 모르는 것이다. 한국 교회가 추락하는 현실도 제대로 인식하지 못하고 있는 것이다. 다종교 사회이면서 또한 비종교인이 다수를 차지하고 있는 우리나라의 현실도 무시하는 것이다. 따라서 기독교 국가를 언급하는 자들의 의도를 의심할 수밖에 없다. 자기 세력을 구축하려는 이기적인 목적으로 성도들을 선동하면서 비이성적인 주장을 하는 것에 불과하다. 자신과 자기가 지지하는 세력의 이익만을 위해 기독교에 해악을 끼치는 아주 나쁜 짓을 하는 것이다.

예수님이 우리에게 부탁하신 것은 세상 국가를 기독교 국가로 만드는 것이 아니다. 예수님 당시 이스라엘은 민족적으로 하나님을 믿는다고 하는 나라였다. 만약 예수님이 이스라엘을 기독교 국가로 만들기를 원하셨다면 사람들이 예수님을 메시아로 인정하는 쪽으로 조금만 바꾸면 가능했을 것이다. 지금 대한민국보다 훨씬 수월한 상황이었다. 하지만 예수님은 그럴 생각이 전혀 없으셨다. 오히려 자신을 믿고 따르는 제자들을 통해서 영적 공동체인 '교회'를 세우기를 원하셨다. 그리고 그것이 사도행전 성령 강림으로 시작되었다. 그 후 교회는 세상 국가와 완전히 분리된, 진정으로 영적인 하나님 나라를 보여주는 모델하우스로 세상에 존재한다.

예수님은 교회와 그리스도인들이 예수님의 제자로 살아가면서, 세상에 빛을 비추고, 소금의 역할을 하면서 영적인 '하나님 나라'를 증거하기를 원하셨다.

> "너희는 세상의 소금이다. 소금이 짠맛을 잃으면, 무엇으로
> 그 짠맛을 되찾게 하겠느냐? 짠 맛을 잃은 소금은 아무 데도 쓸
> 데가 없으므로, 바깥에 내버려서 사람들이 짓밟을 뿐이다. 너
> 희는 세상의 빛이다. 산 위에 세운 마을은 숨길 수 없다. 또 사
> 람이 등불을 켜서 말 아래에다 내려놓지 아니하고, 등경 위에
> 다 놓아둔다. 그래야 등불이 집 안에 있는 모든 사람에게 환히
> 비친다. 이와같이, 너희 빛을 사람에게 비추어서, 그들이 너
> 희의 착한 행실을 보고, 하늘에 계신 너희 아버지께 영광을 돌
> 리게 하여라" 마 5:13-16

기독교인과 교회는 세상에서 해야 할 역할이 있다고 말씀하
시는 것이다. 기독교 국가를 만드는 것이 아니라, 세상에서 살
아가지만, 세상에 물들지 않고, 오히려 세상에 하나님 나라의
빛을 비추는 사명을 감당하라고 하신다.

기독교가 국가와 결합했다는 것은 권력을 쥐었다는 것인데,
권력을 추구하는 것은 예수님의 제자도에 정면으로 어긋난다.
예수님은 섬기러 이 세상에 오셨다. 예수님의 제자 역시 섬기는
자로 파송 받았다. 제자도의 삶은 섬김이다. 세상에서 낮은 자

가 되어 섬기는 것이다. 이것이 '기독교 국가'를 만들어 위세를 떨치는 것보다 세상을 하나님이 원하시는 모습으로 변화시킬 수 있는 하나님의 방식이다.

그러므로 우리는 이 땅에 기독교 국가를 세우려는 허망한 시도를 멈추고, 오히려 예수님의 제자로 잘 살아가기 위해 노력하고, 그것을 통해 세상에 빛을 비추어 사람들이 하나님께 영광을 돌리게 하는 데 더 힘을 기울여야 한다.

3부 • 교회와 목사의 정치 참여

5. 지역 교회의 정치 활동

정치 과잉 시대에 교회는 어떻게 정치에 참여해야 할까? 특히 목사가 정치 현장에서 주도적인 역할을 하고, 교회가 정치 선동의 장이 되고있는 상황에서 목사와 교회는 정치와 어떤 관계를 가져야 할까? 이것은 한국 정치에도 큰 영향을 줄 뿐만 아니라, 한국 교회의 미래가 걸린 중대한 문제이기도 하다.

이번 장에서는 지역 교회가 어떻게 정치에 대해 참여해야 할지 살펴보고, 다음 장에서는 목사의 정치 참여에 대해 생각해보려고 한다.

1. 교회의 정치 참여 정도에 따른 분류

교회가 정치에 어느 정도 참여하는 것이 좋을지에 대해 네 가지 입장으로 나눠볼 수 있다.

1. 기독교 국가주의 (정교일치)

어떤 사람들은 기독교를 국교로 만들어야 하고, 교회가 국가를 다스리는 주체가 되어야 한다고 생각한다.

과거 로마는 기독교를 국교로 지정했고, 교회의 수장인 교황이 막강한 권력을 행사했다. 종교개혁이 일어나 교회가 분열되었지만, 이후에도 유럽의 여러나라들은 개신교나 가톨릭 중에서 하나를 선택해서 국교로 정했다. 현재 미국 보수주의 교회 일각에는 기독교 국가를 주장하는 사람들이 있고, 노골적으로 기독교 국가 설립을 주장하지는 않지만 미국이 기독교 국가로 출발했다고 믿고 따라서 다시 미국을 세속주의자들로부터 구원해서 기독교 국가로 회복해야 한다고 생각하는 사람들이 있다. 우리나라 극우 보수 교회의 정서도 이와 비슷하다.

2. 적극적 참여주의

어떤 사람들은 정치적 문제에 교회의 이름으로 자주 참여해야 한다고 생각한다. 예전에 독재 상황에서 진보적인 교회들은 이런 입장을 취하고 반독재 투쟁에 적극적으로 나섰다. 현재는 오히려 보수적인 교회가 이런 모습을 더 자주 보여주고 있다. 구국의 일념으로 정치적 사안에 지나치게 많이, 깊숙이 관여하고 있다.

3. 상황주의

정치적 상황과 사안에 따라 관여할지 말지를 결정해야 한다고 생각하는 사람들이 있다. 극단적인 상황을 제외하면 되도록 정치에 관여하지 않는 것이 옳다는 입장이다. 통치자가 지속적으로 심각한 반헌법적이고 불법적인 문제를 야기할 때나 명백한 국가적 위기에 처했을 때처럼 심각한 윤리적 위기 상황에서만 교회의 이름으로 정치에 관여해야 한다고 생각한다. 심지어 독재 정부라고 해도 항상 관여하는 것이 아니라 그들이 도를 넘는 심각한 윤리적 문제를 저질렀거나 부정부패가 과도하게 심해질 때 한해서 교회가 다른 양심 세력들과 함께 정부 정화 운동에 나서야 한다고 생각한다.

4. 넷째, 무관여

교회는 정치와 완전히 거리를 두어야 하고, 어떤 경우에도 교회의 이름으로 정치적 문제에 관여하면 안 된다고 생각하는 사람들도 있다. 예전에 보수적인 교회는 교회의 핵심 사명이 '영적인 일'이라고 생각해서 세속적인 일인 정치에는 절대 관여하지 말아야 한다고 가르쳤다. 지금도 다수의 보수적인 교회가 이런 입장을 취하고 있다.

2. 교회의 정치 참여가 의미하지 않는 것

교회의 정치 참여에 대해 말하기 전에 먼저 교회의 정치 참여가 아닌 것에 대해 생각해보자.

(1) 첫째, 개인 그리스도인의 정치 참여를 말하는 것이 아니다.

개인은 대한민국의 시민이기 때문에 어떤 종류든, 어떤 방식이든, 얼마든지 정치에 참여할 수 있다. 피선거권이 있어서 대통령이나 국회의원 등 다양한 정치적 역할을 맡는 것도 전혀 문제가 없다. 정부에 문제가 있다고 생각할 때 자신의 견해를 여러 통로를 통해 밝히고, 때로는 시위에 참여하고, 성명서를 발표하는 등 다양한 정치적 활동에 참여하는 것도 얼마든지 가능하다. 세상으로 파송 받은 하나님 나라의 백성으로서 모든 그리스도인은 정치를 비롯해서 세상에서 벌어지는 다양한 일에 참여하고, 그 안에서 하나님의 뜻이 이루어지도록 노력해야 하는 사명을 받았다. 그러기에 더욱 적극적으로 정치에 관심을 갖고 참여하는 것이 필요하다.

하지만 지금 대한민국 교회와 정치 현장에서 문제가 되는 것은 개인 그리스도인의 정치 참여가 아니라 단체로서 교회의 정치 참여다. 이 두 차원은 전혀 다른 것이다.

(2) 둘째, 정교분리에 위배되는 국가의 정책이나 행위에 대한 저항

을 의미하는 것이 아니다.

정부가 종교적 형평성에 어긋나는 정책을 펼쳐서 기독교를 차별할 때 교회는 이를 시정하라고 정부에 요구할 수 있고, 정당한 요구가 받아들여지지 않을 때는 다른 합법적인 방법을 얼마든지 사용할 수 있다. 정부가 헌법이 허용하는 종교적 행위를 방해할 때에도예배 금지, 포교 금지 교회는 정부에 시정을 요구할 수 있다.

2. 교회의 정치 참여는 신중해야 한다.

그러면 때때로 논란이 되는 교회의 정치 참여는 무엇을 의미할까?

조직 교회나 교회 연합회라는 단체 차원에서 선거, 정부의 어떤 구체적인 정책, 또는 정치인 개인의 호불호에 대해 의견을 표명하고 선동하는 행위를 의미한다. 예를 들면 다음과 같은 것들이다.

* 교회 이름으로 어떤 정당이나 정치인을 지지하는 것. 반대로 어떤 정당이나 정치인을 반대하는 것
* 교회 이름으로 어떤 정책에 대해 찬반 의견을 표명하고, 자신의 뜻을 선동하거나, 지지자를 얻기 위해 정치 행동을 하는 것

＊교회 공식적인 모임예배, 기도회에서 위에서 언급한 것과 같은
행위를 하는 것

결론적으로 말한다면, 그리스도인 개인과는 달리 단체로서
의 교회와 교회 연합회는 정말로 특별한 경우가 아니라면 일반
적인 정치 활동에 개입하거나 참여하지 않는 것이 좋다. 그래야
하는 몇 가지 이유가 있다.

1. 첫째, 정교분리 원칙을 따라

정교분리는 정치와 종교의 고유의 영역을 지켜주기 위한 목
적이 있다.

정치가 종교에 관여할 때 심각한 문제가 발생했고, 반대로
종교가 정치에 관여할 때도 심각하게 부정적인 문제가 발생한
것을 역사를 통해서 배웠기 때문에 정교분리 원칙이 정립된 것
이다. 그래서 서로 간섭하거나 개입하지 않는 것이 필요하다고
생각한 것이다.

이것을 뒤집어 생각해보면, 서로가 상대방 고유의 영역에
자율성을 지켜주기 위한 목적도 있다. 정치는 종교의 고유 활동
에 간섭하지 않고 자율성을 보장해주고, 종교도 정치 활동에 관
여하지 말고 자신의 위치를 지켜야 한다는 것을 의미한다.

물론 앞에서 살펴보았듯이, 정교분리는 절대적 분리가 아니라 상대적 분리이기 때문에 어느 정도 서로 개입할 수 있는 여지는 남아 있다. 그러나 정도를 넘어서 과도하게 서로에 대해 간섭할 때 정교분리 원칙은 깨지게 되고, 과거 정치와 종교가 혼합되었을 때의 혼돈 상태로 회귀하는 결과를 가져오게 될 것이다.

2. 둘째, 교회의 다양성 존중

교회는 동일한 신앙 고백을 하고 하나님 나라라는 동일한 목적을 위해 공동체를 이루어나가는 사람들의 모임이다. 하나님 안에서 한 가족이 되었기에 '하나'가 되었다는 일체감이 있는 공동체다. 이것이 교회의 단일성이다. 이것은 교회의 핵심적인 속성이며 특정 목적을 가진 선교단체와 가장 구별되는 점이다.

그러나 교회의 단일성이 하나님이 다양하게 창조하시고 각기 다른 소명을 주신 성도들의 다양성을 소멸시키는 것은 아니다. 같은 교회에 함께 있어도 성도들은 성격도, 관심사도, 은사도, 세상을 보는 관점도, 문제를 해결하는 방식도 모두 다르다. 이것은 당연한 것이고 그것이 문제가 되는 것은 전혀 아니다. 우리는 복음의 핵심에 관한 문제에는 통일성을 추구하지만, 그 외의 문제들에는 다양성을 인정해야 한다. 긴 안목에서 교회는 한 목표를 향해 한마음으로 나아가야 하기 때문에 하나됨이 강조

되기는 하지만, 그럼에도불구하고 교회 안에서의 다양성이 무시되어서는 안 된다. 우리는 교회의 양면성을 항상 함께 붙들어야 한다.

교회의 단일성과 다양성을 동시에 인정한다는 것은 정치적 이슈에 대해서도 동일하게 적용되어야한다. 교회의 모든 지체가 세상에서 하나님 나라의 제자로 살고, 정의와 평화를 이루기 위해 노력하고, 약자들을 돕기 위해 힘써야 한다는 데에는 한마음이다. 그러나 정세를 보는 인식이나 정책에 관해서 반드시 동일한 견해를 가져야 한다는 뜻은 아니다. 어떤 성도는 우리 사회를 정의롭게 만드는 데 A라는 정치인이 더 적합하다고 생각하는 반면, 다른 지체는 B라는 정치인이 더 잘할 것으로 생각할 수도 있다. 어떤 형제는 빈부 격차를 해결하기 위해서는 개방적인 경제 정책을 펴는 것이 낫다고 생각하는 반면에, 다른 형제는 그런 정책이 오히려 역효과를 가져온다고 생각할 수도 있다. 우리는 모두 한계를 가진 존재이기 때문에 정치적인 이슈에 대해 정답을 안다고 자신할 수 없다. 그래서 나의 견해를 주장할 수는 있지만, 다른 지체의 견해도 옳을 수 있다는 점을 인정해야 한다. 그렇다면 한 교회 내에서 정치적인 이슈에 대해 반드시 모든 지체들이 동일한 견해를 가져야 하는 것도 아니고, 현실적으로 그럴 가능성도 거의없다고 보는 것이 맞다. 따라서 우리는 원칙적으로 교회 내에서 정치적 사안에 대한 다양한 입장을 인정해야 주어야 한다. 우리가 함께 하나님 나라를 지향하며, 하나님의 정치 원리진실, 정의, 평화, 약자 보호 등를 동일하게 존중한다면, 구체적인 정치적 이슈에 대한 견해 차이는 우리를 분열시키는 이유가 될 수 없다.

교회의 다양성과 교회 내 성도들이 가진 정치적 견해의 다양성이 교회의 정치 참여에 대해 무엇을 가르쳐주는가? 정치적 행위는 대부분의 경우 파당적 행위일 수밖에 없기 때문에 교회 성도들의 모든 의견을 다 담아내는 정치 행위를 하는 것은 실제적으로 불가능하다는 점이다. 교회가 A라는 정당이나 정치인을 지지하는 쪽으로 정치 활동을 해야 할까? 아니면 B를 위해? 모든 성도가 그것에 동의할까? 어느 한쪽 의견으로 완전 합의를 이룰 수 있을까? 얼마 전에 지방 대도시에 있는 몇몇 교회에서 목사가 설교 시간에 특정 정당을 지지하지 않는 교인은 함께 하기 어려우니 교회를 나가는 것이 좋겠다고 언급했다는 말을 여러 사람에게서 들었다. 교회가 이래도 되는 것일까? 그 교회와 목사는 정말로 '뭣이 중한지' 모르는 것일까? 정치에 사로잡혀서 교회가 정치적 활동을 해야 한다는 강박 관념에 휩싸이게 되면 이런 심각한 행위도 서슴없이 자행하게 된다. 교회가 정치에 과도하게 참여하게 될 때 이런 오류가 빈번하게 발생할 위험이 있다.

앞에서도 언급했듯이, 교회는 영원한 가치를 추구하는 공동체이지만 정치는 일시적이고 파당적인 행위이기 때문에, 파당적인 정치적 행위가 영원한 공동체적 가치를 손상시키도록 하는 것은 아주 지혜롭지 못한 일이다. 따라서 교회의 다양성을 고려한다면 교회는 단체로서 어떤 정치적 파당이나 정치인과 결합하거나 명시적으로 어느 쪽을 지지하는 정치 행위를 하지 않는 것이 좋다. 그것은 교회의 다양성을 무시하는 것임과 동시에 교회의 단일성도 파괴할 수 있는 폭탄과 같은 것이기 때문이다.

3. 셋째, 교회의 핵심 목적과 역할 고려

비록 모든 그리스도인들이 세상 모든 일에 관심을 가지고 참여해야 할 필요는 있지만, 공동체로서의 교회, 사회적 단위로서의 교회는 정부와 다른 고유의 목적을 가지고 있다는 사실을 잊지 말아야 한다. 정부의 일차적 사명은 정의를 구현하는 것이다. 이 땅에서 하나님의 대리자가 되어 질서를 세우고, 정의를 구현하며, 평화를 수립하는 일이다. 그러나 교회의 사명은 하나님 나라의 복음을 선포하고 살아가는 것이다. 물론 이 사명은 포괄적인 것이지만 그렇다고 해서 정치가 감당해야 할 사명까지 교회가 모두 직접 감당해야 한다는 의미는 아니다. 단체로서의 교회가 직접 정치 활동에 참여하는 것은 원래 교회에 기대되는 것이 아니다. 다만 국가의 시민인 교인들을 교육해서 하나님 나라의 비전을 가지고 정치의 영역에서 사명을 감당하도록 격려하는 것이 바른 방법이다.

더욱이 정치는 모든 것을 흡수하는 성질이 있는 사안이기 때문에, 교회가 구체적인 정치 행위에 직접 관여하게 되면 정치가 가장 우선되는 자리를 차지하게 되고, 교회의 더 중요한 목적과 사명이 정치에 복속하게 되는 문제가 발생하는 것은 필연적이다. 따라서 교인들이나 목사가 정치에 대한 관심이 많고 참여하고 싶은 욕구가 솟구친다고 해도 성도들의 공동체인 교회가 직접적으로 정치적 활동에 관여하는 것은 자제하는 것이 좋다.

4. 넷째, 한국 교회 전체 공동체의 하나됨을 지키면서

모든 그리스도인은 하나님을 아버지로 고백하는, 그리스도 안에서 형제요 자매다. 하나님도 한 분이고 성령도 한 분이기에 그를 믿는 그의 자녀들도 모두 하나다. 이것은 원칙임과 동시에 추구해야 할 목표이기도 하다. 그래서 바울은 "성령이 하나 되게 하신 것을 힘써 지키라"엡 4:3고 강력하게 권면한다. 물론 하나가 된다는 것은 모든 차이를 무시한다거나 차이점을 동질적인 것으로 만들어야 한다는 말은 아니다. 사람들은 모두 다르게 창조되었고, 성령님이 주신 은사도 서로 다를 수밖에 없다. 그렇기에 차이와 다름을 소멸시키는 강제적 하나됨을 추구할 필요는 없다. 그렇다면 하나님이 원하시는 하나됨은 무엇인가? 여러 면에서 차이가 있음에도 불구하고 그것을 포괄할 수 있는 하나됨의 원리가 있다는 것이고, 그것을 생각하고 존중하면서 하나됨을 파괴하지 않도록 노력하는 것을 의미할 것이다.

대한민국에 있는 그리스도인은 그리스도 안에서 한 형제자매라는 것은 분명하다. 교파가 다르고 교회가 다르고, 추구하는 것이 조금씩 다를지라도 주 안에서 하나라는 것은 변할 수 없는 진리다. 비록 신학이나 교리에서 차이가 나기에 교파가 다르고 교단이 달라졌지만, 그럼에도불구하고 하나됨을 잊지 않기에 서로를 존중하면서 연합 활동을 하려고 애쓰는 것이다.

그런데 지금 대한민국 교회에서 하나됨을 가장 크게 파괴하는 것이 있는데, 그것은 바로 정치적인 차이다. 동일하게 그리스도를 주로 고백하는 한국의 그리스도인이라 할지라도 정치적으로는 서로 견해가 다를 수 있다. 정치와 정책을 바라보는 관점이 서로 다를 수 있다. 이것은 자연스러운 일이다. 심지어 같은 교회에 있어도 정치적 입장이 다를 수 있다. 이런 차이는 어쩔 수 없는 일이다. 각자 성향과 배경이 다르고 취향과 삶의 방식이 다른 것처럼 정치적 견해도 다른 것은 당연한 일이다. 그래서 정치적 견해를 강제로 일치시키려고 시도할 필요는 없다.

하지만 정치적 차이를 표출하고 그것을 토대로 교회 내에서 활동을 하거나 교회가 집단적으로 활동을 하는 것은 전혀 다른 문제다. 정치가 분열적인 성격이 크다는 것은 누구도 부인할 수 없을 것이다. 그래서 많은 모임에서 종교와 정치 이야기는 금기시하는 것이다. 같은 목적을 위해 모였고, 그 부분에서는 일심동체가 되었어도, 정치 이야기가 나오면 쉽게 싸우고 분열하기 때문이다. 이것은 교회도 마찬가지다. 정치적 성향이 다른 성도가 교회 내에서 자신의 견해를 강력하게 표출하면 다른 입장을 가진 사람은 매우 불편할 것이다. 다른 사안에서 차이가 나는 것과 비교할 수 없을 정도로 감정이 상하고 심지어 적개심도 솟아오를 수 있다. 이것은 교회 단위로도 마찬가지다. 교회마다 전반적인 정치 성향이 다를 것이다. 어떤 교회는 상대적으로 보수적인 정치적 성향을 띠고 있는 반면, 다른 교회는 진보적인 성향을 띠고 있을 수 있다. 이것은 사람에게는 비슷한 성향의 사람들과 함께 하고 싶어하는 경향이 있기 때문에 나타나는 현상일 수 있다. 그런데 이런 상황에서 보수적 성향이 강한 어떤 교회가 대외적으로 정치에 적극 참여하기 시작하면 진보적인 성향이 강한 교회는 불편하게 느낄 것이다. 반대의 경우도 마찬가지다. 그렇게 되면 정치적인 이유로 교회들 사이에 연합이 깨지고 틈이 벌어지고, 심지어는 미워하고 정죄하는 데까지 나아갈 수 있다. 결국 한국 교회의 하나됨이 깨지는 것이다. 지금 한국 교회의 모습이 바로 이런 모습이지 않은가?

도대체 정치가 무엇이길래 그리스도의 피로 사신 교회가 이 문제로 갈가리 찢어져야 할까? 서로 원수처럼 비판하고 정죄하고 갈라져야 할까? 교회가 쇠퇴하고 무너져가는 소리가 여기저기서 들려오는 이런 심각한 때에, 하나가 되어 힘을 모아도 모자랄 상황에서, 유한한 정치적 이슈에 교회의 운명을 매달고 성도들끼리, 교회들끼리 서로 싸워야 할 더 크고 중요한 이유는 무엇일까? 이렇게 정치에 과도하게 몰입하여 서로 싸우는 모습을 보여주면서 선교가 될까? 전도가 될까? 교회에 대한 좋은 인식이 생겨날까? 오히려 외부인에게 교회가 서로 싸우는 모습을 보여주면서 조롱을 당하게 되지 않겠는가?

그러므로 현재 대한민국 상황에서는 인간사의 한 부분에 지나지 않는 정치적 문제로 인해 더 크고 더 중요한 하나됨이 훼손되게 하는 것보다는 정치 문제에 대해 직접 관여하거나 과도하게 참여하는 것을 멈추고 모두 한발 물러나는 태도를 취하는 것이 필요해 보인다. 한 걸음 더 나아가서, 지금 한국 사회는 정치적 이슈로 인해 너무 분열되었고, 그로 인해 심한 몸살을 앓고 있다. 이런 상황에서 오히려 교회가 연합과 통합, 관용과 용납의 가치를 더 가르치고 설파해야 할 책임이 있지 않겠는가? 그런데 교회가 분열과 싸움의 핵심인 정치 한복판으로 들어가서 투쟁에 가담하게 되면 화해와 평화의 사명을 수행할 수 없게 될 것이다.

앞에서도 언급했듯이 그리스도인 개인이 다양한 정치적 활동을 하는 것은 얼마든지 가능하고 권장할 수 있는 일이다. 하지만 교회나 교회 연합단체 차원에서 직접 정치에 참여하게 될 때 사회적으로도 좋지 않은 인상을 주게 될 뿐만 아니라 교회 사이에 갈등이 발생하고 분열이 심화되면서, 힘써 지켜야 할 하나됨이 손상되고 복음이 크게 훼손될 것이다. 정치가 중요한 일이기는 하지만, 교회가 이렇게 막대한 희생을 감수할 정도로 중요한 것은 아니다.

결론

현재 한국 교회는 지나치게 정치에 관여하고 있다. 이것은 로마 가톨릭과 비교해보면 그 차이가 더욱 분명하게 드러난다. 가톨릭 교회는 아주 특별한 경우를 제외하면 개별 성당이나 사제들 이름으로 직접 정치에 참여하거나 정치적 성명서를 발표하거나 시위에 참여하는 일을 하지 않는다. 다만 몇몇 사회 참여 단체가 구성되어 소수의 신부들이 활동할 뿐이다. 이에 반해 한국의 개신교회는 기이할 정도로 지나치게 정치화되어 있다. 보수나 진보나 할 것 없이 정치적 사안인지 도덕적 사안인지 신중하게 가려보지도 않고, 주관적인 도덕주의적 잣대와 과도한 사명의식으로 무장한 채 정치적 행동에 나서고 있다.

그 결과가 무엇인가? 파당 정치에 교회도 휩쓸려서 교회도 파당화되어 버렸다. 진보 정치 진영을 지지하는 진보 교회와 보수 정치 진영을 지지하는 보수 교회로 극명하게 분열되었다. 각 진영에 속한 세상 사람들은 자기 진영을 지지하는 교회의 행보를 칭찬하고 지지하겠지만, 반대 진영에 속한 사람들은 다른 쪽에 속한 교회를 향해 비난과 비판을 쏟아낸다.

그러므로 정치 참여는 그리스도인 개인이 다양한 방식으로 참여하면 충분하며, 공동체와 단체로서의 교회가 직접적인 정치적 행위를 하는 것은 지양할 일이다.

4. 교회가 정치와 관련해서 해야 할 일들

교회의 직접적인 정치 참여는 자제해야 하지만, 그렇다고 해서 교회가 정치에 대해 완전히 손을 놓아야 하는 것은 아니다. 단체로서의 교회가 정치와 관련해서 할 수 있는 일이 있기 때문이다.

1. 첫째, 교회의 정치 참여가 필요할 때

앞에서 정교분리는 절대적 분리가 아니라 상대적 분리라고 언급했었다. 정부가 교회로서 용인할 수 없는 심각한 윤리적 문제를 저지를 때는 교회가 집단적으로 저항하거나 항거해야 할 때가 있다고 말했었다. 하지만 그런 교회가 정치적 행동을 하려고 할 때도 반드시 고려해야 할 점들이 있다.

먼저 어떤 문제가 용인할 수 없는 윤리적 문제에 해당되는지 잘 판단해야 한다.

어떤 목사나 교회는 자신들의 정치적 견해를 따라, 현재 정권을 잡은 정치인이 마음에 들지 않거나 정부의 정책이 마음에 들지 않을 때, 그것이 마치 도덕적으로 심각한 문제인 것처럼 주장하면서 반정부 투쟁에 나서는 경우가 있다.

10여 년 전에 있었던 미국 수입 쇠고기와 관련 사태가 이런 예에 해당될 수 있다. 정말로 미국산 쇠고기가 광우병을 유발하는지는 당시에도 그렇고 지금도 여전히 명확하지 않은 사안이다. 그렇기에 이것은 정부 정책에 관한 사안이라고 보는 것이 옳다. 이런 경우에 기독교인이 시민으로서 시위에 참여하고, 정부 정책의 변경을 요청하는 시민단체에 이름을 올리고, 시민의 요구를 거부하는 정부에 압력을 가하기 위해 합법적인 투쟁에 참여하는 것은 전혀 문제가 없다. 어차피 모든 정치적, 정책적 사안에는 다양한 의견이 있을 수 있고, 시민들은 자신이 옳다고 생각하는 것을 주장하거나 그것이 관철될 수 있도록 얼마든지 정치적 행동을 할 수 있기 때문이다. 그런데 당시 몇몇 교회는 교회 이름으로 성명서를 발표하고, 시위 현장에 교회 깃발을 들고 나오기도 했다. 교회가 직접적인 정치 행동에 나선 것으로 생각할 수밖에 없는 모습이다. 그러나 이런 사안을 가지고 단체로서 교회 이름으로 반정부 투쟁에 나서는 것은 섣부른 일이다. 그 정도로 중대한 윤리적 사안이라고 보기 어렵기 때문이다. 따라서 이런 행동은 오히려 정교분리 원칙을 어기는 것으로 볼 수 있다. 과도한 정치 참여라고 말할 수 있는 것이다.

2024년 12월에 있었던 계엄과 그것에 대한 헌법재판소의 대통령 탄핵 판결을 둘러싸고 몇몇 교회와 목사들이 노골적으로 정치적 행동을 했다. 교회에서 계엄을 옹호하고, 탄핵을 반대하고, 이후 벌어진 대통령 선거에서 노골적으로 특정 후보를 반대하거나 지지하는 행태를 보였다. 계엄이 선포되고 몇 시간 만에 국회에서 해제 결의를 했고, 다음 날 대통령은 국회 결의를 따라 계엄을 해제했고, 이후 국회의원들이 대통령의 반헌법적이고 불법적인 계엄에 대해 탄핵이라는 징계 행위를 이어갔다. 국회에서 탄핵 결의가 이루어진 후에 공은 헌법재판소로 넘어갔고, 국민들은 헌재의 판단을 기다렸다. 만약 계엄이 길어져서 계엄 포고문뿐만 아니라 숨겨져 있었지만 지금 특검 수사로 밝혀진 계획들이 그대로 실행되어 국민들에 대한 부당한 체포가 이루어지고 살상 사태가 발생했다면, 그것은 성도 개인뿐만 아니라 단체로서의 교회도 가만히 두고 보기 어려운 매우 심각한 윤리적 이슈에 해당된다고 판단할 수 있을 것이다. 하지만 그런 상황까지 가지 않고 입법부와 사법부가 개입해서 순차적으로 의결과 판결이 이어졌다. 따라서 계엄과 탄핵을 둘러싸고 벌어진 일은 누가 봐도 정치적 사안일뿐 종교가 개입할만한 사안은 아니었다. 상황이 이러함에도 불구하고 몇몇 교회들이 정치 한복판으로 깊숙이 들어가서 교회를 정치의 장으로 만들어버린 것은 상대적 정교분리 개념으로 볼 때도 허용하기 어려운 일이었다.

그런데 정부가 정말로 지속적으로 반헌법적이거나 명백하게 위법적인 정책을 펴거나 행동을 하는 것처럼 보일 때도 있다.

물론 이것을 판단하는 데도 신중해야 한다. 정부의 어떤 행태가 여기에 해당되는지 누가 판단해야 할까? 그 판단이 이데올로기나 정치적 선호에 의해 영향을 받은 것이 아니라는 점을 어떻게 확인할 수 있을까?

여기서 '적극적 참여주의'를 주장하는 교회나 목사나 성도들은 기준을 낮춰 잡으면서, 조금이라도 자신들이 설정한 기준에 부합되지 않으면 반정부 투쟁에 나서는 경향이 있다. 최대주의적인 접근법을 취하는 것이다. 그러나 '상황주의'를 주장하는 교회는 훨씬 더 신중하게 움직일 것이다. 최소주의적 접근법을 취하는 것이다. 기본적인 자세는 정교분리 원칙에 따라 되도록 정부의 일에 관여하지 않는 것이다. 관여해야 할 때는 정말로 중차대하게 비윤리적인 일, 국가의 존망이 걸린 일, 수많은 시민들의 생존이 걸린 일에 국한시킨다.

나치 치하에서 히틀러와 나치 집단이 유대인과 소수 민족을 박해하고 집단 학살을 하고 있을 때 대부분의 교회들은 히틀러와 나치의 위세에 눌려 침묵하거나 동조하고 있었지만, 고백교회Bekennende Kirche에 속한 교회와 목회자들은 집단으로 항거하고 목소리를 냈다. 이들은 히틀러의 행위가 윤리적으로 너무나 명백한 잘못이며 그런 상황을 좌시하는 것은 하나님 앞에서 사회적 책임을 방기하는 것이라고 분명하게 인식한 것이다.

일제 강점기 신사참배 강요도 동일한 사안이라고 볼 수 있다. 이 문제는 단순히 교인들 개인의 판단에 맡겨둘 수만은 없는 중대한 사안이었다. 신사참배를 거부한 교회와 목사들은 신사참배가 우상숭배라고 확신했고, 따라서 교인들이 그것을 거부하도록 독려하는 것이 마땅하다고 생각했다. 그러나 이런 행동에는 대가가 따르기에 주저하게 되며, 결국 소수의 교회와 교인들만 참여하기 마련이다.

우리나라 현대 역사에서 이에 해당하는 대표적인 사건이 5.18 광주 민주화 운동이다. 이것은 권력을 찬탈한 군부 세력실질적 정부가 무력을 동원해서 시민의 생명을 해한 사건이다. 반헌법적이고 위법적인 행동이 분명하다. 국가의 역할에 정면으로 위배되는 행동을 한 것이다. 따라서 기독 시민뿐만 아니라 기독교인의 단체로서 교회가 적극적으로 정부에 대해 폭력 행위의 중지를 요구하고, 그것을 관철시키기 위한 시위에 참여하는 것은 상대적 정교분리 원칙에 의해 허용될 수 있는 것이다.

이렇게 윤리적으로 중대한 사안에 대해서는 교회가 하나가 되어 항거하거나 구체적인 행동을 할 수 있는데, 이것을 목사나 장로 한두 사람이나 몇몇 교인의 판단으로 가볍게 결정해서는 안 된다. 교인 전체의 일치된 의견합의을 끌어내기 위한 사전 작업이 있어야한다. 이것을 위해 이 사안을 다룰 특별 위원회를 구성하거나, 이미 존재하는 교회의 리더 그룹에서 성경연구와 신학적인 토론을 통해 잠정적인 결론을 끌어낸 후 그것을 전제 회중에게 알리고 동의를 구하는 작업이 있어야 한다. 교회가 정한 절차를 따라야한다는 것이다. 이때는 반대하는 사람들을 가르치고 설득하는 것이 필요하며, 어느 정도 인내심을 가지고 기다려주는 것도 필요하다. 그러나 일정한 시간이 지난 후에는 교회가 정한 의사결정 원칙에 따라 뜻을 모으고 행동을 진행해야 한다. 끝까지 반대하는 사람들로 인해 교회 전체가 '무행동'으로 시간을 끄는 것은 결국 정의를 버리는 것과 같은 것이기 때문이다. 이런 과정을 거친 후에 어떤 방식으로, 어느 수준으로 참여할지 결정하는 것이다.성명서 발표, 시위 참여 등

2. 둘째, 교회가 우선적으로 노력해야 할 것은 정치에 대해 교인들을 교육하는 것이다.

교회에서 환경과 생태 문제에 대해 신앙적/신학적 교육을 받은 적이 있는가? 여행에 대한 기독교인의 자세에 대해서는? 어떤 집에 살고, 어떤 옷을 입고, 어떤 음식을 먹어야 하는지에 대해서는? 기독교인의 경제관에 대해서는? 주식, 부동산, 코인 투자투기에 대해서는? 안락사에 대해서는?

하나님은 고린도전서 10장 31절에서 "먹든지 마시든지 무엇을 하든지 하나님의 영광을 위하여 하라"고 명령하셨다. 이 말은, 우리가 하는 일상의 소소한 일들이 모두 하나님과 관련이 있다는 것이고, 그것들을 어떻게 하면 하나님의 뜻에 맞게 할 수 있을까 고민하는 것이 우리 신앙의 중요한 주제가 되어야 한다는 뜻이다.

하지만 현재 한국 교회는 일상에서 하나님께 영광을 돌려야

한다는 말씀을 완전히 무시하고, 오직 교회 안에서 예배하고, 기도하고, 봉사하는 것만 하면 내 할 일은 다 했다고 착각하고 있다. 그래서 성도들은 삶을 구성하는 다양한 사안에 대해서 성경적 관점이 무엇인지 별 관심도 없고, 교회도 이런 주제들에 대해 제대로 신앙적/신학적 교육을 하려고 하지 않는다.

정치에 관해서도 다르지 않다. 대부분의 성도들은 정치라는 주제에 대해 교회에서 신앙적/신학적으로 제대로 교육을 받은 적이 거의 없을 것이다. 정치가 모든 것은 아니지만, 우리 삶의 모든 영역에 영향을 미치는 중요한 주제인 것은 분명하다. 따라서 정치적 주제도 하나님의 영광이라는 제단 앞에 올려놓아야 한다. 하나님 앞에서 생각하고, 판단하고, 결정하고, 행동해야 한다는 것이다. 그 첫 번째 단계가 정치에 대해, 정치와 관련된 주제들에 대해 하나님은 어떻게 생각하시는지 공부하는 것이다. 공부를 해야 그 분야에서 어떻게 하나님을 기쁘시게 하는 행동을 할 수 있을지 판단할 수 있지 않겠는가?

그러나 여전히 정치나 돈과 같은 문제는 논란이 많은 주제이기 때문에 교회에서 회피해야 한다고 생각하는 사람들이 많다. 그래서 교회에서는 돈 이야기를 하지 말라고 한다. 이유가 있을 것이다. 교인들을 분열시킬 우려가 있기 때문이다. 같은 맥락에서 정치 이야기도 하지 않는 것이 좋다고 말한다. 역시 교인들을 분열시킬 위험이 있기 때문일 것이다. 그런데 세상일들은 대부분 논란이 있다. 찬성과 반대가 있고, 이런 주장과 저런 주장이 대립한다. 하지만 논란이 있다는 이유로 다 회피하면 중요한 주제는 모두 빠져버리게 될 것이다. 따라서 논란이 많은 주제일지라도 성도들이 함께 공부하고 대화를 나누는 것이 필요하다. 초기에는 혼란이 있을 수 있겠지만, 계속 공부하다 보면 성숙도가 올라갈 것이다. 지식도 늘어날 것이고, 토론하는 태도에서도 성숙해질 것이고, 다른 견해를 가진 사람에 대한 자세도 성숙해질 것이다.

우리가 해야 할 정치에 관한 공부는 보수를 지지하기 위한 공부도 아니고, 진보적 견해를 굳건히 세우기 위한 공부도 아니다. 하나님이 원하시는 세상 운영 방식, 정치 원리, 사회의 작동 방식, 경제 정책과 같은 것을 성경과 신학을 통해 찾아보고 고민하는 것이다. 하나님의 원리를 찾는 공부를 의미한다.

그러므로 우리는 교회의 훈련 내용을 다시 점검해야 한다. 교육 프로그램을 정비해야 한다. 성경 위주의 교육 프로그램에서 일상의 다양한 영역을 포괄하는 것으로 확장해야 한다. 이것이 교회가 직접 정치 현장에 뛰어드는 것보다 더 우선해야 할 일이다.

6. 목사의 정치 활동

목사가 정치에 참여해도 될까? 목사가 어느 정당에 당원으로 가입해서 정당 활동에 적극적으로 활동하는 것은 어떤가? 목사가 선거에 입후보해서 국회의원과 같은 역할을 하는 것은? 목사가 정치 현장에서 주도적인 역할을 하거나 공적인 자리에서 정치적 발언을 하는 것은? 목사가 교회에서 설교 시간이나 공적인 자리에서 어떤 정치인을 지지하거나 비판하거나 정치적 사안에 대해 직접적인 발언을 하는 것은 어떤가?

대한민국 건국 초기부터 목사들이 정치 영역에서 다양한 활동을 해온 것을 볼 수 있다. 제헌의회에 이미 목사 4명이 국회의원으로 들어가 있었고, 그중에서 이윤영 목사는 제헌 국회 개원식에서 이승만 대통령의 요청에 따라 대표 기도를 했다. 이후에도 보수나 진보를 막론하고 여러 목사들이 선출직과 임명직 정치인으로 활동했다. 문동환, 장성만, 인명진 등 2024년 22대 총선에서는 목사 직업으로 출마한 사람이 모두 9명이나 되었다. 지역구 5명, 비례대표 4명 그 외에도 여러 목사들이 목사라는 직함을 가진 채 다양한 정치적 활동에 참여하거나 정치 집회에서 노골적인 정치

적 발언을 하고 선동을 하기도 했다. 김진홍, 서경석, 전광훈, 손현보 등

과거 목사들이 정치에 참여한 결과는 어떠했을까? 좋은 결과를 얻었던가? 기독교에, 또는 교회에 유익이 되었나?

물론 목사라고 해서 다 똑같은 역할을 해야하는 것은 아니다. 교회에서 목회하고 있는 목사가 있는 반면에, 목회는 하지 않고 다른 활동을 하는 사람도 있다. 또는 목사직은 유지하고 있지만 실질적으로 목회나 기독교와 관련된 활동을 전혀 하지 않는 사람도 있다.

지금 논의에서 주된 대상으로 삼으려는 사람은 교회에서 목회하고 있는 목사들이다. 물론 다른 유형의 목사들도 목사라는 타이틀을 가지고있고 다른 사람들이 그를 목사로 인식하는 한 목사와 정치의 관계에 관한 논의에서 완전히 자유로운 것은 아니지만, 특별히 유의해야 할 사람들은 실제 교회에서 목회를 담당하고 있는 사람들이다. 이들은 항상 다양한 교인들을 만나고, 그들을 대상으로 설교도 하고, 실질적으로 교회의 대표로 인식되고 있기도 하다. 따라서 이들의 정치적 행동은 성도들에게 직접적으로 영향을 미칠 수밖에 없고, 대외적으로도 마치 교회 전체가 움직이는 듯한 인상을 줄 수밖에 없기 때문에 정치와 관련해서 이들의 행보는 특히 중요하다.

1. 목사의 이중적 신분

정치와 관련해서 먼저 목사가 이중적 신분을 가지고 있다는 것을 이해해야 한다.

우선 목사는 종교개혁이 주창한 '만인제사장 원리'를 따라 신분상 특별한 사람이 아니다. 목사도 시민의 한 사람이기에 국가 정책에 영향을 받고, 국가가 정한 법률을 지켜야 하고, 생활에 필요한 돈을 얻기 위해 일을 해야 하고, 교회에 헌신해야 할 때도 있지만 다른 사람과 마찬가지로 휴식도 필요하고, 한 사회의 시민이기 때문에 다른 성도들과 마찬가지로 정치의 영향을 받는 존재다.

그러나 다른 한편으로 목사는 기독교와 교회의 사역을 수행하기 위해 세운 사람이다. 따라서 목사는 기독교나 교회와 깊이 연결되는 존재로 인식된다. 특히 장로나 집사와는 달리 목사는 교회라는 종교 조직의 대표로 인식되는 것이 현실이다. 그래서 목사의 정치적 활동은 다른 교인의 활동과 다르게 보일 수밖에 없다.

목사의 이중적 신분 중에서 한 사회의 시민이라는 점을 고려하면, 원칙상 목사도 다른 시민과 동일하게 정치에 참여하는 것이 가능하다. 시민으로서 목사도 선거권이 있고, 피선거권도 가지고 있고, 정당에 가입할 수도 있고, 공개적으로 자신의 정치적 견해를 얼마든지 피력할 수 있다.

그러나 대개의 정치 활동은 당파성이 있다는 점이 문제가 된다. 그렇기에 목사가 정치 활동에 적극적으로 참여하면 교회의 리더로서 목사의 위치를 생각할 때 전체 교인을 아우르지 못하게 될 위험이 발생한다. 교인들이 정치적 견해에 따라 목사 지지파와 반대파로 갈리게 될 것이다. 그래서 목사와 다른 견해를 가진 사람들이 목사의 권위를 인정하지 않게 되고 영적인 문제에 대한 가르침도 수용하지 않을 가능성이 생긴다. 결국 목사의 일차적이고 주된 책임인, 하나님의 말씀을 잘 가르쳐서 교인들이 그리스도의 제자로 성장하게 하는 사명에 지장을 초래하게 된다.

또한 외부인들이 볼 때 목사는 교회의 대표로 인식될 수 있기에 목사가 정파적 정치 활동에 참여할 때, 마치 교회 전체가 동일한 당파적 입장을 취하는 것으로 보이게 된다. 그로 인해 교회가 어느 정치적 정파와 동일시되는 위험에 노출될 수 있다. 이것은, 앞 장에서 언급했듯이, 교회와 교회의 사명 수행에 심각한 부작용을 초래한다.

2. 목사의 역할

(1) 목사의 정치적 활동을 생각할 때 무엇보다 목사라는 직책의 성

격을 이해하는 것이 필요하다.

목사직은 기독교와 교회와 관련된 직무를 수행하기 위한 목적으로 만들어진 것이다. 한 사람을 목사로 세울 때는 기업을 잘 운영하기를 기대하는 것이 아니다. 성경을 가르치는 것을 제외하고 학교 교사의 역할을 하라는 것도 아니다. 마찬가지로 대통령이나 국회의원을 하라고 목사로 세운 것이 아니다. 목사라는 직책은 기독교와 교회의 사역을 위해 만들어진 것이다. 물론 어떤 목사 개인이 이러한 고유의 직무를 하지 않고 목사직과 전혀 상관없는 일을 할 수도 있다. 기업이나 요양원, 학교와 같은 기관을 운영할 수도 있고, 택시 운전을 할 수도 있고, 까페도 운영할 수 있다. 그러나 그런 일들은 목사로서 하는 것이 아니다. 그냥 시민으로서, 자연인으로서 하는 것일 뿐이다. 그런 일에 목사가 필요한 것이 아니기 때문이다. 따라서 '목사'라는 직함은 기독교나 교회와 관련해서 의미가 있는 직함이다.

그러므로 목사인 어떤 한 사람이 다른 종류의 일을 한다면, 그 때는 목사라는 직함을 떼고 하는 것이 정상이다. 그렇지 않다면 사람들은 마치 목사가 그런 종류의 일을 하는 사람으로 오해할 수도 있고, 그가 하는 일을 마치 기독교나 교회와 관련이 있는 일인 것처럼 착각할 수도 있다. 그렇게 되면 목사 본인에게도 부담이 되고, 그 일 자체도 오해를 받을 가능성이 생긴다.

'목사' 라는 직책은 무조건 평생 가지고 있는 것이 아니다. 목사 안수를 베풀고 세운 주체가 교회나 노회나 총회이기 때문에, 그 기관에서 어느 목사가 목사 직무를 제대로 수행하지 못한다고 판단하면 목사 자격을 박탈할 수도 있다. 반대로, 목사 스스로 더 이상 목사직을 수행하고 싶지 않다면 목사직을 반납할 수도 있다. 실제로 이런 경우가 지금도 심심찮게 일어나고 있다.제명이나 반납 이런 측면에서 목사가 다른 일이 아니라 정치라는 매우 파당적인 일을 하려고 한다면, 그로 인해 기독교나 교회가 불필요한 오해를 사거나 피해를 입을 수 있기 때문에 목사직을 반납하고 하는 것이 좋을 것이다.

(2) 목사의 직무와 역할을 생각해보자.

교회에서 목사의 직무는 성도를 가르치고, 훈련하고, 양육하는 것이다. 성경은 목사의 가장 중요하고 핵심적인 역할이 하나님의 말씀을 가르치는 것이라고 말한다.엡 4:12 거기에 더해서 성도들을 돌보고, 훈련하고, 교회를 이끌어나가는 역할도 부여한다. 이런 측면에서 목사는 설교자, 교사, 훈련자, 멘토, 치료자, 상담가, 조언자, 리더와 같은 역할을 하는 사람이다. 그런 역할을 통해서 성도들을 훈련하고 세운다. 이렇게 훈련된 성도들이 실제적으로 봉사의 일을 하면서 교회를 세워나가고, 세상을 섬기는 것이다. 그래서 목사를 필드 플레이어라기보다는 감독이나 코치와 같다고 하는 것이다. 이런 사역을 감당하게 하려고 목사로 안수를 주고 세운 것이다.

(3) 이것을 정치 활동에 적용하면 어떻게 될까?

목사는 우선적으로 교회와 무관하게 세상에서 무언가 다른 일을 하는 사람으로 세워지지 않았다. 교회에서 필요한 역할을 감당하는 자로 세워진 것이다. 마찬가지로 목사는 정치 현장에서 필드 플레이어로 활동하라고 세워진 사람이 아니다. 오히려 목사에게 기대되는 것이 교육과 훈련의 역할이라면, 정치와 관련된 목사의 역할은 정치에 대해 성도들을 가르치고 훈련하는 것이다. 목회자는 교인들에게 정치와 사회적 영역에서도 하나님의 뜻에 순종하는 삶을 살도록 교육하고 훈련해야 하는 책임을 맡았기 때문에, 기회가 있는 대로 정치에 관해서 교인들을 가르치는 노력을 해야 한다. 따라서 목사가 직접 정치 현장에 나가 정치적 발언을 하고 정치적 행위를 하는 것은 옳지 않으며, 그런 일이 필요하다면 다른 성도들이 할 수 있도록 가르치고 인도하는 것이 좋을 것이다.

(4) 물론 목사가 세상에서 일어나고 있는 윤리적이고 도덕적인 불의

에 대해 발언할 수는 있다.

하나님이 정한 세상 운영의 원리를 기초로 잘못된 것을 비판하는 것은 필요할 것이다. 이것은 정치적 행위라기보다는 윤리적 행위로 봐야 한다. 예를 들어, 군인들이 자신의 권력욕을 채우기 위해 시민들을 총칼로 죽이는 사건이 발생했다면, 이것은 정치적 문제가 아니라 윤리적 문제다. 정치적 파당의 문제가 아니라 인간의 존엄성과 정의와 평화에 관한 문제다. 이런 문제에 대해서 목사가 비판적으로 언급하는 것은 정치 행위가 아니라 종교적 행위로 볼 수 있다. 그러므로 목사는 잘 판단해야 한다. 자신이 언급하거나 개입하려는 사안이 파당적인 정치에 관한 문제인지, 아니면 윤리 도덕적 문제인지.

(5) 그러나 현재 우리나라에서는 많은 목사들이 기독교적 윤리와 도덕의 문제를 넘어서, 지나치게 정치의 장에 나서고 있다.

최근에 전광훈과 손현보를 비롯한 몇몇 보수적인 목사들은 정치 현장에서 과도하게 정치적 발언을 쏟아내고 정치를 교회 안으로 끌어들이고 있다. 이 때문에 목사라는 직책이나 역할이 희화화되고 있다. 그들은 교회를 정치 광장화하고 있다. 예배와 설교를 정치 선동 시간으로 변질시키고, 교회 강단을 정치인들에게 내어주면서 파당적인 정치인들의 선동 무대로 바꿔놓았다.

그 결과가 무엇인가? 과거 전광훈 목사가 선거법 위반으로 구속되었고, 최근에 손현보 목사 역시 같은 혐의로 구속되었다. 실정법을 어겼기 때문이다. 교회에서 하지 말아야 할 일을 했고, 교회의 리더인 목사가 해서는 안 되는 정치적 행동을 했기 때문이다. 부정적인 결과는 개인 목사에게만 일어나지 않는다. 그들의 행태로 인해 한국 교회가 통으로 파당적 집단처럼 인식되는 부작용이 초래되었고, 그들과 함께 기독교 자체가 욕을 먹게 되었다. 그들은 목사의 직무 범위를 넘어서고 있다. 더 심각한 것은 법을 어기면서 과도하게 정치적 행위를 한 결과, 초월적인 것을 지향하는 교회 공동체를 한시적이고 유한하고 파당적인 정치의 장으로 변질시키면서 교회를 극단적인 분열의 한복판으로 밀어 넣고 있다는 것이다. 이것은 과거에 교회가 권력과 결탁하여 타락의 길을 간 것과 별로 다를 바 없는 패착이다.

결론

목사들은 시민으로서 정치적 활동에 참여하고 싶은 욕구가 일어날 때라도 교회에서 목회자로 세움을 받았고, 돌봄과 교육의 역할을 기대받고 있다는 점을 기억하면서 정치 현장의 전면에 나서지 말아야 한다. 지금 한국 사회와 교회 상황에서는 더욱 더 보수든 진보든 목사들의 지나친 정치 참여를 말려야 할 때다.

　기독교와 교회가 사회에서 욕을 먹으면서 신뢰도가 땅에 떨어졌고, 그렇게 된 원인의 상당 부분이 목사에게서 비롯됐다는 것이 분명하다면, 목사들이 해야 할 일은 세상을 자기 뜻대로 바꾸기 위해 정치 광장에 나가 목소리를 높이는 것이 아니라, 자신과 교회를 반성하면서 그리스도의 참된 제자가 되기 위해 힘쓰고, 하나님 나라의 공동체를 이루어가기 위해 애쓰는 일이다. 권력을 휘두르는 것이 아니라 예수님처럼 더 낮아져서 겸손하게 섬기는 것이 지금 한국 교회와 목사들이 해야 할 일이다.